Yr Ymwelwyr

Richard Foxhall

**Golygydd y gyfres:
Lyn Ebenezer**

Argraffiad cyntaf: Gorffennaf 2001

ⓗ *awdur/Gwasg Carreg Gwalch*

Ni chaniateir atgynhyrchu unrhyw ran o'r cyhoeddiad hwn, na'i gadw mewn cyfundrefn adferadwy, na'i drosglwyddo mewn unrhyw ddull na thrwy unrhyw gyfrwng, electronig, electrostatig, tâp magnetig, mecanyddol, ffotogopïo, recordio, nac fel arall, heb ganiatâd ymlaen llaw gan y cyhoeddwyr, Gwasg Carreg Gwalch, 12 Iard yr Orsaf, Llanrwst, Dyffryn Conwy, Cymru LL26 0EH.

*Rhif Llyfr Safonol Rhyngwladol:
0-86381-673-8*

Cyhoeddir o dan gynllun comisiwn Cyngor Llyfrau Cymru.

*Argraffwyd a chyhoeddwyd gan Wasg Carreg Gwalch,
12 Iard yr Orsaf, Llanrwst, Dyffryn Conwy, LL26 0EH.
☎ 01492 642031
🖷 01492 641502
✆ llyfrau@carreg-gwalch.co.uk
Lle ar y we: www.carreg-gwalch.co.uk*

Cydnabyddiaeth
*Mary Evans Picture Library: 49,40,51,52,53a
David A. Hardy: 53b
Robert Bauval: 54,55
UFO Magazine: 56,57,58,59,60,60b,61
Awdur: 60a,62
Hawlfraint y Goron: 64 & dogfennau yn y llyfr*

Pan fyddwch wedi dileu'r amhosib, yr hyn sydd yn weddill, waeth pa mor anghredadwy, yw'r gwirionedd – Sherlock Holmes.

DIOLCHIADAU

Hoffwn gyfleu fy ngwerthfawrogiad i bawb sydd wedi rhoi o'u hamser, ac sydd wedi paratoi paneidiau o de a bisgedi wrth rannu eu profiadau â mi. Diolch yn arbennig i *Air Historical Branch 3 (RAF)* a'r Weinyddiaeth Amddiffyn, *DAS4al (Sec)* am eu parodrwydd i archwilio hen gofnodion, danfon copïau ohonynt, ateb cwestiynau perthnasol ac esbonio manylion polisïau'r Llywodraeth; Robert Bauval am ganiatâd i ddefnyddio ei luniau o'r pyramidiau; David Cayton am rannu ei ymchwil i anffurfio anifeiliaid; Tony Dodd am ganiatâd i adrodd hanes am anffurfio yng Nghymru, yn ogystal â'i gyngor; Jennifer a Mari Elin Williams am eu gwaith ditectif; Mrs Pat Evans a Mr John Roberts am fy nghroesawu i'w cartrefi i'w holi am ddigwyddiad Llandrillo; Andy Roberts am ddarparu copïau o gofnodion digwyddiadau yr heddlu; Mrs Mair Williams am ganiatáu i mi ei holi am ddigwyddiad Ysgol Gynradd Rhosybol, ac am fynd â mi i'r ysgol; Dr Colin Ridyard am ei ddogfennau a'i gyngor; Margaret Fry, y ddynes o Gonwy a ddaeth â digwyddiad Llandrillo i sylw'r cyhoedd; Adran y Gymraeg, Prifysgol Cymru Aberystwyth; y cyn-Athro Brynley F Roberts am ei gyngor parthed Sieffre o Fynwy; Russel Callaghan a Graham W. Birdsall o *UFO Magazine*; Hilda a John Owen, Bodorgan, Ynys Môn; Nick Pope am ei sylwadau ar y *Tornados*; Philip Mantle am ei ganiatâd i adrodd hanes y cipio yn ardal Pwllheli.

Hoffwn gydnabod ymdrechion Dylan, Hywel ac Eryl o gwmni Griffilms, Caernarfon, am roi o'u hamser prin i ail-greu, ar sail braslun, yr hyn a welais i a 'nheulu yn 1996.

Rhaid diolch yn arbennig i bawb sydd wedi cysylltu â mi i rannu gwybodaeth na fyddai wedi bod yn bosibl ei mynegi mewn ffordd arall ond sydd, am resymau proffesiynol neu bersonol, yn dymuno aros yn anhysbys. Ac yn olaf, i'r bobl hynny sydd wedi bod yn ddigon dewr i wynebu gwatwar anfaddeuol wrth ddwyn eu storïau at sylw ymchwilwyr a'r cyhoedd yn gyffredinol. Diolch hefyd i Lyn Ebenezer, golygydd y gyfres am ei waith yntau, i Gyngor Llyfrau Cymru am y comisiwn ac i Wasg Carreg Gwalch am gyhoeddi.

Yn fwy na neb, diolch i Sandra, Dafydd Owain, Rhodri Siôn a Hywyn Rhys am eu cymorth, eu cefnogaeth, eu dealltwriaeth a'u hamynedd. Heb fy nheulu, Sandra yn arbennig, ni fyddwn wedi llwyddo i gyflawni'r gwaith hwn

Cyflwynaf y llyfr hwn i chi gyda chariad.

CYNNWYS

Rhagair 8

Pennod 1 – Ymwelwyr Hynafol 14

Pennod 2 – Yr Oes Fodern 23

Pennod 3 – Gwelediadau ym Mhrydain a thu hwnt 38

Pennod 4 – Herwgipio Arallfydol 74

Pennod 5 – Anffurfio Anifeiliaid 91

Pennod 6 – Ymwelwyr â Chymru 100

Pennod 7 – Adroddiadau eraill o Gymru 127

Pennod 8 – Beth sy'n cael ei guddio? 140

Casgliadau 163

RHAGAIR

Mae'n siŵr fod llawer iawn o bobl wedi clywed y term *Flying Saucer* neu *UFO*. Mae'r un mor debyg bod y rhan fwyaf ohonynt o'r farn mai ffenomenon cymharol ddiweddar yw hwn. Ond na, mae yna gofnodion sy'n ymestyn yn ôl ganrifoedd, os nad filenia, yn cyfeirio at rywbeth anarferol a rhyfedd a welwyd yn yr awyr.

Mae esboniad amlwg i rai ohonynt, ond mae eraill yn dal yn ddirgelwch. Wedi darllen am *UFOs* mewn llyfrau, fe welais i fy hun rywbeth anarferol ddwywaith, yn ddyn yn fy oed a'm hamser. Fe wnaeth y cyntaf, yn 1984, aildanio fy niddordeb yn y maes. Ond yn dilyn yr ail welediad, yn 1996, penderfynais fynd ati i ymchwilio fy hun.

Ymchwiliais i rai agweddau ar y maes yn ddistaw bach, fel y byddai amser yn caniatáu, gan gysylltu trwy lythyr, e-bost a ffôn â rhai o brif ymchwilwyr y maes – yr Iwffolegwyr (*Ufologists* yw'r term Saesneg). Bûm yn holi am eu barn bersonol ar y pwnc ac yn gofyn caniatâd i adrodd rhai o'u hanesion. Gobeithiaf gyflwyno tystiolaeth bendant bod *UFOs* yn destun real dros ben, er iddo gael ei wawdio'n gyson. A rhaid cyfaddef fod hwn yn bwnc sy'n dueddol o ddenu crancs. O'r herwydd mae llawer un yn gwrthod sôn yn gyhoeddus am eu profiadau neu'n caniatáu i ymchwilydd ailadrodd yr hanes ar yr amod bendant eu bod nhw'n cael aros yn anhysbys.

Er bod nifer fawr o bobl gyffredin yn gweld pethau anarferol sydd heb esboniad syml, boed hynny yn yr awyr neu'n agosach, ac ambell waith yn ddigon ffodus i dynnu llun neu fideo o'r hyn a welsant, mae'r dystiolaeth fel arfer yn cael ei hanwybyddu gan yr asiantaethau newyddion a'r wasg. Ond beth yw'r rheswm am hyn?

Efallai mai'r broblem yw nad oes ymchwil broffesiynol yn cael ei chynnal i'r maes gan arbenigwyr addas. Y canlyniad anffodus yw diffyg trafodaeth synhwyrol ar y pwnc a phrinder ymchwilwyr gwyddonol proffesiynol i siarad gydag awdurdod am y dystiolaeth sy'n bodoli. Yn sgîl hyn mae unrhyw drafodaeth rhwng gwahanol grwpiau yn troi'n ddadl ffyrnig rhwng yr amheuwyr a'r credinwyr, gyda'r naill ochr yn gwrthod rhoi gwrandawiad teg i dystiolaeth y llall.

Mae'r gwir gredinwyr yn cyflwyno eu dadleuon ar sail honiadau a dyfaliadau, heb dystiolaeth gadarn i'w cefnogi; yn amlach na pheidio mae'r amheuwyr yn cynnig esboniadau sydd hyd yn oed yn fwy anghredadwy ac yn gwrthod ystyried unrhyw dystiolaeth bosibl o blaid gwelediad.

Enghraifft dda o hyn yw'r adroddiad a gafwyd gan gyn-Arlywydd UDA, Jimmy Carter. Pan oedd yn Llywodraethwr yn nhref Leary, Georgia, yn 1969 ac ar fin traddodi araith etholiadol yng Nghlwb y Llewod lleol, fe welodd Carter ac eraill *UFO. It was the darndest thing I've ever seen*, meddai wrth newyddiadurwyr. Ac aeth ymlaen i roi disgrifiad iddynt.

Roedd yr *UFO* yn fawr, yn llachar, yn newid lliw yn aml, yn debyg o ran maint i hanner lleuad lawn ac yn hedfan o gwmpas yn hytrach na hofran. I gloi ei gyfweliad, meddai, *One thing's for sure, I'll never make fun of people who say they've seen unidentified objects in the sky*. (*The Daily Telegraph*, 2/6/76)

Mae hon yn stori boblogaidd gan amheuwyr sy'n mynnu nad *UFO* a welodd Carter ond y blaned Gwener (Venus). Eto mynnai ef nad Gwener a welodd y noson honno. Mae'n bwysig inni sylweddoli bod Carter wedi graddio mewn ffiseg niwclear. Bu hefyd yn swyddog yn Llynges UDA ble cafodd ei hyfforddi mewn seryddiaeth elfennol er mwyn gallu llywio llong drwy ddilyn y sêr. A fyddai ef wedi cymysgu rhwng yr hyn a welodd a phlaned? Yn dilyn ei brofiad yn 1969 dywedodd Carter, *If I become President, I'll make every piece of information this country has on UFO sightings available to the public and the scientists*.

Yn ystod cyfweliad teledu yn 1998 gofynnwyd iddo a oedd wedi cadw at ei addewid etholiadol i ryddhau'r wybodaeth hon. Mae'r cyfweliad gen i ar fideo ac mae'n ddiddorol nodi sut mae ei wedd yn newid. Mae'r wyneb siriol, dymunol yn troi'n ddifrifol iawn, y wên enwog yn diflannu a'i lygaid yn agor yn fawr.

I'm not sure, but we did release a lot of the information, meddai, gan ychwanegu, *But I don't know how much was not released*. Yna mae'n gwenu yn foneddigaidd, yn ymesgusodi a symud ymlaen oddi wrth y camera. Pam byddai rhywun yn ffugio'r fath stori?

Yn y canol rhwng y credinwyr a'r amheuwyr, mae'r miloedd o bobl gyffredin, fel fi, sydd wedi gweld rhywbeth anghyffredin ac anesboniadwy ac sy'n syml iawn eisiau dod o hyd i ateb synhwyrol a chall i esbonio'r hyn a welsant. Mae'n werth nodi y cofnodwyd 210 o adroddiadau gan y Weinyddiaeth Amddiffyn yn ystod y flwyddyn 2000, ac mae'r ffigyrau am y degawd diwethaf yn gyson rhwng 200 a 250.

Mae asiantaethau'r llywodraeth ac ymchwilwyr yn gyffredinol yn cydnabod bod esboniad digon syml ar gyfer cymaint â 95% o'r adroddiadau, neu'r gwelediadau. Yng ngolau dydd mae gweld awyrennau milwrol o bellter ac ar onglau anarferol yn gwneud i rywun edrych ddwywaith, yn enwedig os yw'r gwynt yn cario'r sain i ffwrdd oddi wrthych. Mae hyd yn oed adar yn medru sgleinio wrth i ni eu gweld mewn golau arbennig, er enghraifft heulwen lachar, isel. Ac yn enwedig wedi cawod o law. Gwelais hyn ar sawl achlysur a gallaf dystio bod gwylanod yn medru bod yn enghraifft dda iawn o hyn.

I rywun sydd heb weld balwnau meteorolegol ar uchder o'r blaen, mae'r rhain eto yn debyg i ddisgrifiad *UFO*. Gefn nos, wrth gwrs, mae yna lu o wrthrychau i dwyllo'r awyr-wyliwr dibrofiad.

Y blaned Gwener yw'r ffefryn, yn isel iawn yn awyr y gorllewin. Unwaith eto mae'r haul yn chwarae rhan yn yr hyn a welir wrth i'r blaned ddiflannu dros y gorwel. Mae'r blaned Iau (*Jupiter*), sef y fwyaf yng nghysawd yr haul a'r fwyaf llachar i'r llygad noeth, yn gyfrifol am rai adroddiadau am *UFOs*. Mae hyn yn arbennig o wir am bobl mewn ceir sy'n cael argraff anghywir o symudiad gan y blaned, neu sy'n camddehongli'r golau a welir – sy'n cael ei greu mewn gwirionedd gan yr ymennydd drwy symudiadau'r car.

Mae'r cynnydd sylweddol yn nifer y lloerennau sy'n amgylchynu'r Ddaear yn y blynyddoedd diweddar hefyd yn ffactor, heb anghofio am y sbwriel o ganlyniad i lansio rocedi a gwastraff o'r Wennol Ofod a'r Orsaf Ofod. Mae'r gwastraff yn llosgi ar ymylon yr atmosffer wrth ddisgyn yn ôl i'r ddaear.

Ychwanegwch at hyn sêr gwib, sef meteorau. Mae'r rhain yn amrywio o faint gronyn o dywod i faint car bychan ac yn gwibio ar gyflymdra o 17,000 milltir yr awr dros ein pennau wrth losgi'n ddim. Weithiau maent yn ïoneiddio'r awyr gan adael ar eu holau drywydd hir, disglair a lliwgar.

Er gwaethaf hyn i gyd, mae'r pump y cant o adroddiadau sy'n weddill yn perthyn i'r categori 'anesboniadwy'. Mae'n gyfystyr â rhai miloedd o adroddiadau, gan ddibynnu ar gyfanswm nifer yr adroddiadau a geir mewn blwyddyn, wrth gwrs.

Wrth edrych ar y ffigurau yma, rhaid cofio eu bod yn cynnwys adroddiadau nid yn unig gan aelodau'r cyhoedd ond hefyd gan swyddogion yr heddlu, morwyr ac aelodau o'r lluoedd arfog ledled y byd. Hynny yw, pobl a hyfforddwyd yn arbennig i adnabod gwrthrychau o bob math yn eu cynefin. Mae eu hadroddiadau hwy yn bwysig dros ben gan nad yw'r bobl hyn yn debygol o gamddehongli'r hyn a welant.

Mae amrywiaeth o adroddiadau gan beilotiaid o bob llu awyr. I mi, mae'r rhain ymhlith yr adroddiadau pwysicaf y dylid eu hastudio gan fod hyfforddiant peilotiaid yn un arbennig a thrylwyr. Rhaid iddynt ddod yn gyfarwydd ag adnabod awyrennau neu daflegrau mewn gwahanol sefyllfaoedd yn ymwneud â brwydrau, a hynny o bellter ac yn aml iawn ar gyflymdra eithaf o dros 1,500 o filltiroedd yr awr. Eu busnes nhw yw medru adnabod y pethau y maent yn eu gweld.

Daw hyn â ni at rôl y Llywodraeth a'r Sefydliadau Amddiffyn Cenedlaethol. Byddaf yn edrych ar honiadau o gynllwynio a gwarchod a chlywais sylwadau cyn-aelod o'r Weinyddiaeth Amddiffyn (*MOD*) a astudiodd y ffenomenon yn swyddogol fel *UFO Desk Officer* gyda'r *MOD* ar ddechrau'r 90au. Oes gan y Weinyddiaeth agenda gudd? Ydi Gweinidogion y Llywodraeth yn cael gwybod y stori gyfan gan y mandariniaid yng nghrombil swyddfeydd y Llywodraeth?

Does dim amheuaeth bod rhywbeth wedi disgyn o'r awyr yn Roswell, Mecsico Newydd, yn 1947 a bod llen o gyfrinachedd wedi'i chodi o'i amgylch. Mae yna dystion yn dal i ymddangos i gadarnhau'r digwyddiad – rai ohonynt wedi dal swyddi uchel gynt yn y Pentagon, sef pencadlys milwrol UDA yn Washington DC. Dros hanner can mlynedd yn ddiweddarach, a ydym ni'n nes at ddarganfod y gwir? Ai cerbyd hedfan arallfydol wnaeth daro'r ddaear yno?

Ers codi'r Llen Haearn wrth i Rwsia gefnu ar gomiwnyddiaeth, mae'n ymddangos bod y *KGB* wedi dangos cymaint o ddiddordeb yn y pwnc â'u cymdogion yn y *CIA*. Daeth nifer helaeth o adroddiadau a lluniau swyddogol i'r golwg a chyfweliadau yn cael eu caniatáu gyda chyn-swyddogion asiantaethau cudd yn sôn am eu profiadau.

Mae yna ddogfennau diddorol yn yr Archifdy Gwladol (*PRO*) yn Kew, Llundain. Byddaf yn cyflwyno'r *X-Files* hyn a arferai fod yn gyfrinachol ond sydd bellach yn wybodaeth agored o dan y rheol 30 mlynedd, er mwyn edrych ar y modd y mae'r sefydliadau yn pwyso a mesur tystiolaeth swyddogol mewn ffordd wyddonol.

Nid gwelediadau yn unig sy'n dal y dychymyg, wrth gwrs. Er bod y pwnc yn destun sbort yn amlach na pheidio, mae yna agweddau tywyll ynghlwm â'r ffenomenon hefyd. Ac os yw'r straeon yn wir, maent yn ddigon i godi arswyd arnoch. Tybed yn wir ai dyma'r rheswm dros amharodrwydd asiantau'r gwahanol sefydliadau i drafod y maes yn gyffredinol?

Un o'r agweddau ydi ymosodiadau ar wartheg sy'n cael eu hanffurfio. Er i'r ffenomenon hwn gychwyn yn UDA yn y 60au, roedd wedi cyrraedd Prydain a Chymru erbyn canol y 70au.

Ffenomenon arall sy'n dychryn rhywun yw'r hanesion am estroniaid yn 'dwyn' pobl am gyfnod, neu'n eu cipio. Byddwn yn clywed hanesion gan rai a gafodd brofiad o'r fath, gan archwilio casgliadau seiciatryddol, seicolegol a gwyddonol i geisio dod at wraidd y broblem.

Beth yw *Area 51*, neu *Dreamland*, a ble mae e? Oes yna wirionedd yn yr honiadau fod cerbydau hedfan arallfydol yn cael eu hastudio yno a bod y gwelliannau technolegol a welir yng nghynlluniau awyrennau ac arfau milwrol yn deillio o ganlyniadau'r degawdau o waith ymchwil a wnaed ar y safle hwn?

Byth er i Steven Spielberg ddefnyddio'r ymadrodd *Close Encounters of the Third Kind* yn deitl ar un o'i ffilmiau enwocaf, bu'n gyfarwydd ledled y byd. Ond categori swyddogol yw hwn mewn gwirionedd. Sefydlwyd y categorïau gan yr astronomegydd Dr J Allen Hynek, a fu'n astudio'r ffenomenon yn gyhoeddus i Lu Awyr UDA fel rhan o gynllun prosiect *Blue Book*. Dyfeisiwyd termau i ddisgrifio lefelau gwahanol o gyfarfyddiadau arallfydol:

- *Close Encounters of the First Kind* – gweld golau rhyfedd neu UFO.
- *Close Encounters of the Second Kind* – UFO yn gadael marc neu'n achosi niwed.
- *Close Encounters of the Third Kind* – gweld neu gyfarfod ag *Ufonaut*.
- *Close Encounters of the Fourth Kind* – cipio gan estroniaid.

Hyd yma, prosiect *Blue Book* yw'r unig ymchwiliad cyhoeddus gan lywodraeth i'r ffenomenon. Caewyd yr ymchwiliad yn 1969 oherwydd diffyg tystiolaeth, er gwaetha'r ffaith fod 701 o achosion ar ffeil wedi'u dosbarthu yn rhai *unidentified*, gan gynnwys yr hyn a elwid yn dystiolaeth gadarn, ffotograffau, ffilm symudol ac yn y blaen.

Er i lawer o rwtsh gael ei gyhoeddi, mae'n amlwg fod yna lawer mwy y tu ôl i'r hanesion hyn nag sy'n ymddangos ar yr olwg gyntaf. Dyma ddetholiad o ddigwyddiadau sy'n rhoi rhyw syniad pam fy mod i'n ymddiddori yn YR YMWELWYR.

Pennod 1

YMWELWYR HYNAFOL

Mae'r llun a welwch ar frig tudalen 60 wedi'i seilio ar fraslun a dynnais tua deng munud wedi i mi a'm teulu wylio rhywbeth yn yr awyr am gyfnod o ugain munud, 'nôl ym mis Mai 1996.

I'r llygaid noeth roedd pawb o'r farn mai hofrennydd ydoedd. Yma yn Nyffryn Nantlle rydym yn gyfarwydd iawn â gweld llawer o wahanol fathau o hofrenyddion, sy'n perthyn i'r Llu Awyr Brenhinol yn y Fali, Ynys Môn, hofrennydd Heddlu Gogledd Cymru a rhai perchnogion preifat sy'n defnyddio Maes Awyr Caernarfon. Ond wrth syllu drwy bâr o finocwlars, nid ymddangosai'n debyg i unrhyw fath o hofrennydd a welswn i o'r blaen.

Ai hofrennydd o ryw fath arall oedd yma? Ai balŵn? Y blaned Gwener? *UFO*? Ystyr *UFO* yw *Unidentified Flying Object*, ffenomenon sydd wedi'i gofnodi ers miloedd o flynyddoedd ledled y byd. Mae'n destun sy'n bwnc llosg o hyd. Does neb yn siŵr beth yw eu tarddiad; mae rhai hyd yn oed yn amau eu bodolaeth.

Fel rhywun sydd wedi ymddiddori mewn awyrennau a gwrthrychau yn y gofod ers oeddwn i'n ddim o beth, byddaf yn ymdrechu i adnabod pob math o ffenomena cyn hawlio i mi weld rhywbeth anghyffredin. Rhaid bod yn weddol sicr, felly, bod yr hyn a welsoch yn rhywbeth nad oes modd i chi ei adnabod. Rhaid gwneud yn siŵr nad awyren *Hawk*, er enghraifft, oedd yno, a chadarnhau hynny ar sail ei siâp neu ryw reswm amlwg arall.

Y dyddiau hyn mae'n bwysig cofio bod llawer o lygredd golau yn llenwi'r awyr, o oleuadau stryd a siopau ein trefi a'n dinasoedd, er enghraifft. Mae cymaint ohono fel ei bod bron yn amhosib gwerthfawrogi llawer iawn o harddwch y gofod, heb sôn am y lleuad a'r planedau mwyaf disglair.

I'r bobl hynny nad ydynt yn gyfarwydd ag edrych i fyny i

ddüwch y nos, mae gweld seren wib neu ddarn o sbwriel y gofod yn llosgi wrth groesi i atmosffer y ddaear yn medru eu syfrdanu. Byddaf yn mynd allan i wylio cawodydd o sêr gwib pan fo'r rhagolygon a'r tywydd yn ffafriol ac ar un achlysur gwelais sbwriel gofod yn llosgi wrth iddo wibio uwch Môr Iwerddon.

Y tro cyntaf y gwelwch chi loeren yn pasio'n ddistaw ac yn uchel uwchben, rydych chi'n siŵr o ofyn i chi'ch hun tybed ai *UFO* sydd yna? Ond i'r rhai sy'n weddol brofiadol o ran gweld ac adnabod y pethau hyn, pa esboniad fedrwn ni ei gynnig am rywbeth sydd, ar yr olwg gyntaf, yn ymddwyn mewn ffyrdd tra gwahanol i'r disgwyl?

Gwelais ar sawl achlysur loerennau yn pasio'n uchel uwchben mewn llinell unionsyth gan gadw at yr un llwybr a chyflymdra nes diflannu dros y gorwel. Gwelais hefyd 'loerennau' yn arafu, yn diflannu o'r golwg, yn ailymddangos a sefyll yn stond cyn symud i ffwrdd eto, yna'n newid lliw wrth symud, cyn hedfan nid mewn llinell syth ond yn igam-ogam ar draws yr awyr.

Derbyniais alwad ffôn ychydig wedi deg o'r gloch ar nos Fawrth ym mis Hydref, 1998, gan ffrind a oedd yn byw ar gyrion pentref Rhosgadfan yng Ngwynedd.

'Rich? Dewi sy 'ma. Dos allan i'r ffrynt a sbïa i'r awyr.'

Wel, beth arall fedrwn i ei wneud ond ufuddhau? Yn ffodus mae'r ffôn yn agos i ddrws y ffrynt a'r cebl yn ddigon hir i ymestyn rhyw fetr heibio i'r drws. Felly euthum â'r ffôn gyda mi.

Roedd hi'n noson dywyll, glir, serennog gyda phlanedau Iau a Sadwrn i'r dwyrain – i gyfeiriad yr Wyddfa yma yn Nyffryn Nantlle – a'r awyren bost o Lerpwl i Fryste yn agosáu.

'Ti'n gweld rhywbeth?'

'Wel, mae'r awyren bost uwchben.'

'Na, nid hynny. Sbïa y tu ôl i'r awyren.'

Edrychais, a gwelais belen o olau disglair, yn debyg i loeren, ond yn sylweddol fwy o faint yn pasio uwchben yr awyren.

Amcangyfrifais nad oedd y golau yma fwy na 4,000 troedfedd yn uwch na'r awyren. A sylweddolais wrth gofnodi'r gwelediad fod y golau yn teithio o gyfeiriad y gogledd-orllewin tuag at y de-ddwyrain. Felly, fe groesodd yr awyren nid mewn siâp + ond fel siâp x.

Doedd dim goleuadau i'w gweld o gwbl, dim rhai strôb, rhai llywio na rhai rhybudd gwrthdrawiad, ac mae'r rhain yn anghenion hollbwysig a hanfodol yn ôl y gyfraith i awyrennau sy'n hedfan yn ystod oriau tywyllwch. Ni chlywid unrhyw sŵn. Efallai nad oedd yn cynhyrchu sŵn. Neu efallai fod twrw'r ddwy injan bropeler ar yr awyren bost yn uwch ac yn boddi sŵn y llall.

Cyn i'r gwrthrych ei phasio, roeddwn yn gwir ddisgwyl gweld yr awyren yn gwneud symudiad argyfwng sydyn i'w osgoi. Ond daliodd at ei chwrs a dechreuais amau tybed a oedd y criw yn gallu gweld y gwrthrych. Roeddwn i, yn sicr, yn disgwyl gwrthdrawiad. Yna meddyliais a oedden nhw'n sylweddoli, hwyrach, bod y golau'n mynd i basio'n ddigon uchel i'w hosgoi.

O'i gymharu â chyflymdra'r awyren, roedd y golau i'w weld yn teithio'n arafach. Ar ôl i ni ei wylio am tua phedair munud fe ddiflannodd – nid dros y gorwel ond fel petai rhywun yn troi swits pylu i'w ddiffodd.

Doedd gan Dewi na minnau ddim unrhyw syniad beth oeddem wedi ei weld. Ond fe anfonais adroddiad i'r Llu Awyr yn y Fali a chadw'r cyfan mewn cof fel stori arall i'w hadrodd wrth ffrindiau.

Wrth i mi edrych yn ôl ar fy mywyd, rwy'n sylweddoli bellach nad rhywbeth diweddar i mi yw mynd allan i syllu ar y sêr. Rwy'n cofio gweld pethau rhyfedd yn yr awyr pan oeddwn yn blentyn ym mhentref Cwmparc ger Treorci yn y Rhondda.

Yn y dyddiau hynny, pan nad oedd ond tair sianel deledu a diddordeb plentyn yn y sgrîn fach yn diflannu wrth i *Magic Roundabout* orffen am bum munud ar hugain i chwech, byddwn yn mynd allan i chwarae, boed haf neu aeaf.

Un noson oer o Dachwedd, tua 1973, roedd grŵp bach ohonom allan tua wyth o'r gloch y nos. Wedi gorffen gêm o chware cwato, neu guddio, roedden ni'n pendroni beth i'w wneud nesaf. Yna dyma un o'r criw yn tynnu sylw'r gweddill at seren oedd yn tasgu drwy'r awyr uwchben mynydd y Bwlch. Symudai'n llawer rhy araf i fod yn seren wib. Wedi i ni ei gwylio yn arafu nes stopio'n llwyr, dyma'r golau yn dechrau symud yn ôl yr un ffordd ag y daeth, a chylchdroi o gwmpas cyn hedfan yn ddistaw o'n golwg.

Bu tipyn o drafod ar yr hyn a welsom. Wedi'r cyfan, roedd pawb ohonom tua un ar ddeg neu ddeuddeg oed ac yn gwylio *Dr Who, Star Trek* a'r ffilmiau mawr fel *War of the Worlds, The Day the Earth Stood Still* ac ati. Roedden ni'n ymwybodol iawn o bethau fel y *Flying Saucers* neu'r 'Soseri Hedegog'.

Mae'n rhaid fod Mam wedi sôn wrth rywun am y golau a welsom oherwydd ar y prynhawn Sul canlynol, yn dilyn y gwasanaeth yn Soar, capel yr Annibynwyr – atgof yn unig, bellach – daeth Yncl Rej yr organydd ataf a chynnig benthyg llyfr i mi.

Y llyfr hwnnw, *The Spaceships of Ezekiel,* oedd y llyfr 'difrifol' cyntaf i mi ei ddarllen am ffenomenon *UFOs*. Roedd ei awdur, yr Almaenwr Erich von Daniken, yn ceisio dangos bod y ddaear wedi bod yn gyrchfan i estroniaid arallfydol ers cyn hanes. Dadleuai mai'r estroniaid arallfydol hyn oedd duwiau'r oesoedd hynafol. Iddo ef, tystiolaeth o hyn oedd y disgrifiadau o'r duwiau a gofnodwyd drwy gydol hanes dynoliaeth.

Yn draddodiadol daw duwiau o'r nefoedd, sydd wedi'i lleoli rywle uwch ein pennau. Roedd y pwerau hudolus oedd gan y duwiau hyn, meddai von Daniken, yn arwydd o ba mor soffistigedig oedd eu technoleg o'i chymharu â thechnoleg dynoliaeth. Efallai ei bod yn haws disgrifio hyn drwy gymharu rhywun o'n byd ni heddiw yn teithio yn ôl mewn amser gyda chamera fideo. Beth wnâi'r Celtiaid o brofi'r wyrth o'u gweld a'u clywed eu hunain ar ryw focs bach? Beth, tybed, fyddai ymateb Owain Glyndŵr wrth weld cyfrifiadur, teleffon, car neu awyren? Mae hyd yn oed gwyddonwyr heddiw yn fodlon cyfaddef *petai* datblygiad technolegol estroniaid o fyd arall fawr mwy na rhyw bum cant o flynyddoedd o flaen ein technoleg ni, y byddai'r dechnoleg honno yn ymddangos i ni fel dewiniaeth.

Agorwyd fy meddwl led y pen gan lyfr von Daniken. Ynddo, ymysg enghreifftiau eraill, roedd darnau o'r hyn a adroddir yn llyfr y proffwyd Eseciel yn y Beibl yn cael eu dehongli'n drawiadol iawn.

' . . . Wrth i mi edrych, gwelais wynt tymhestlog yn dod o'r gogledd, a chwmwl mawr a thân yn tasgu a disgleirdeb o'i amgylch, ac o ganol y tân rywbeth tebyg i belydrau pres. Ac o'i ganol daeth ffurf pedwar creadur, a'u hymddangosiad fel hyn: yr oeddent ar ddull dyn. . . '

Tybed sut byddai Eseciel wedi disgrifio *Apollo 11* yn gadael ein planed ni ar ei thaith hanesyddol i'r lleuad 'nôl yn 1969? Cwmwl mawr a thân yn tasgu a disgleirdeb o'i hamgylch? Ac i ymestyn y dychymyg ychydig ymhellach, ai fel hyn y byddai wedi disgrifio'r *Eagle* yn glanio ar y lleuad ac yna ymddangosiad Neil Armstrong a Buzz Aldrin yn dod o'u llong ofod yn eu siwtiau astronôt? 'Yr oeddynt ar ddull dyn . . . '

Mae Eseciel yn mynd ymlaen i ddisgrifio'r creaduriaid yn fanwl ac yn sôn am y cerbydau a'u cludodd: ' . . . o ran gwneuthuriad yr oeddent yn edrych fel pe bai olwyn oddi mewn i olwyn . . . ac fel yr edrychwn yr oedd eu cylchau – y pedwar ohonynt – yn llawn o lygaid oddi amgylch . . . Uwchben y creaduriaid yr oedd math ar ffurfafen, yn debyg i belydrau grisial ac yn ofnadwy; yr oedd wedi ei lledaenu dros eu pennau oddi uchod.'

Disgrifiad o soser hedegog anferth, gyda llwyth o oleuadau o'i chwmpas, yn hedfan uwch ei ben? Mae Eseciel yn disgrifio'r sŵn a ddeuai o'r peiriannau fel sŵn llawer o ddyfroedd, sŵn storm neu fyddin (gweler llun ar dud. 53). Beth bynnag oedd y sŵn, mae'n rhaid iddo fod yn fyddarol. Sut byddai rhywun heb brofiad o dechnoleg fodern yn disgrifio rhywbeth mewn termau sy'n gyfarwydd i ni?

Tystiolaeth arall a gyflwynir am ymyrraeth estroniaid ym musnes y ddaear yw pyramidiau'r Aifft. Y ddadl a ddefnyddir i gefnogi hyn yw nad oedd technoleg dynoliaeth wedi datblygu digon i'w galluogi i adeiladu'r cofadeiladau hyn gyda'r fath uniondeb a manylder. Felly, dadleuir, mae'n rhaid bod yr adeiladwyr wedi dod o blaned arall.

Adeiladwyd y pyramidiau enwog yn Giza, sef safle i'r gorllewin o afon Nîl yng ngogledd yr Aifft, tua 2575–2465 cc. Yr hynaf a'r mwyaf yw'r pyramid a adeiladwyd i'r Brenin Khufu. Dyma'r pyramid sydd ar bwynt mwyaf gogleddol y safle. Mae pob un o'i ochrau yn mesur 230 metr ac roedd ei uchder gwreiddiol yn 147 metr.

Yn ôl arbenigwyr adeiladu, mi fyddai'n anodd iawn os nad yn amhosibl i godi adeilad i'r fath gywirdeb heddiw. Yn wir, ni lwyddwyd i godi adeilad talach tan y 19eg ganrif.

Torrwyd, cludwyd a gosodwyd tua 2.3 miliwn o flociau cerrig yn pwyso hyd at 1,000,000 kg yr un, i godi adeilad yn pwyso 5,750,000 o dunelli. A pham carreg? Yn ddiddorol iawn, mae ymchwil wedi llwyddo i ddangos nid yn unig bod y pyramidiau wedi'u hadeiladu o garreg er mwyn bod yn gryfach nag adeiladau o fwd a phren ond mai carreg hefyd oedd y defnydd gorau i sicrhau diogelwch tragwyddol i *Ka* y Ffaro. *Ka* oedd y nerth a dderbyniai'r Ffaro oddi wrth dduw yr haul, a thrwy'r grym hwnnw y teyrnasai.

Er gwaethaf llawer o ddyfalu, y gwir yw nad oes neb yn gwybod hyd heddiw sut llwyddodd yr Eifftiaid gyda'u hoffer cyntefig i adeiladu'r pyramidiau gyda'r fath gywirdeb. A rhyfeddod arall am y safle yw'r hyn a welir o'r awyr. Er bod dau o'r pyramidiau mewn llinell unionsyth, mae'r trydydd ychydig yn anunion. Dim ond yn ddiweddar y cynigiwyd esboniad am hyn.

Y gŵr a ddarganfu'r ateb oedd Robert Bauval, a aned yn 1948 yn yr Aifft. Peiriannydd adeiladu yw Bauval, a'i ddiddordeb mewn astudio'r hen Aifft yn ymestyn dros nifer fawr o flynyddoedd.

Yn 1982, roedd yn cerdded o amgylch Amgueddfa Hynafiaethau'r Aifft yng Nghairo pan sylwodd ar lun a dynnwyd o uchder gan y Llu Awyr uwchben Giza. Sylweddolodd fod y pyramid lleiaf yn anghyflin â'r ddau arall. Fel peiriannydd adeiladu ni allai feddwl am reswm dros hynny heblaw am resymau daearegol. Ond o astudio'n ddyfnach, canfu nad hyn oedd yr esboniad. Penderfynodd felly mai rhesymau crefyddol oedd wrth wraidd y cynllun. Ond i ba ddiben, ni wyddai.

Ar noson arbennig o glir ym mis Tachwedd 1983, roedd yn gwersylla gyda ffrindiau gerllaw Riyadh, yn Sawdi-Arabia, pan sylwodd ar grŵp o sêr. Buont yn trafod y clwstwr a chytunodd pawb mai cytser Orion ydoedd. Esboniodd un ohonynt wrtho sut y gallai ddarganfod y seren Sirius drwy ddefnyddio gwregys Orion fel llinell syth. Yna digwyddodd ddweud nad oedd y tair seren yn y gwregys mewn llinell unionsyth. Yn wir, nid yw'r seren uchaf mewn llinell syth o gymharu â'r ddwy arall. Tarodd Bauval ar y syniad y gallai pyramidiau Giza fod yn adlewyrchu gwregys Orion. Roedd y tebygrwydd yn rhyfeddol. Ond unwaith eto, i ba bwrpas?

Yn y cyfnod cyn dyfodiad archeolegwyr, credai'r hen Eifftwyr mai'r duwiau, a hyd yn oed duw doethineb ei hun, sef Thoth, a oedd wedi adeiladu Giza yn yr Oes Aur *pan oedd duwiau yn byw ar y ddaear*. Gan nad oes tystiolaeth o ryfela yn yr ardal yn y cyfnod hwnnw, rhaid gofyn i ble'r aeth y 'duwiau' wedi iddynt gyflawni eu tasgau ar y ddaear?

Felly, ers darganfyddiad Bauval, mae'r stori wedi datblygu. Ychwanegwyd ati gan eraill nes bod modd credu, gydag ychydig o ddychymyg – er nad oes dystiolaeth i gadarnhau hynny y naill ffordd na'r llall – mai rhyw ddyfais oedd pyramid Khufu i gadw'r 'brenin', a oedd o linach gwaed y duwiau, mewn cysylltiad â chartref y duwiau. Yn wir, mae rhai yn mynnu mai peiriant anesboniadwy o ryw fath yn hytrach na bedd oedd pyramid Khufu.

Mae yna sawl cofnod mewn llawysgrifau hynafol o bethau

rhyfedd a welwyd yn yr awyr. Yn y *Maha-bha-rata* o'r India, mae disgrifiadau o *Vimanas*, sef peiriannau hedfan ffantastig gydag arfau fel rhai *Flash Gordon*. Efallai fod rhai ohonoch yn cofio gwylio'r gyfres deledu *Mabharat* rai blynyddoedd yn ôl yn dangos Indiaid hynafol yn hedfan drwy'r awyr ar beiriannau egsotig ac yn defnyddio arfau erchyll ond effeithiol iawn. Wrth ddarllen trosiadau o'r llawysgrifau perthnasol daw'n amlwg fod y peiriannau hedfan hyn mor gyffredin yn y cyfnod hwnnw ag y mae awyrennau i ni heddiw. Mae'n debyg fod y dechnoleg hon wedi'i throsglwyddo i'r Indiaid gan arbenigwr technegol, Maya Danava, nad oedd o dras dynol.

Mae'r awdur Rhufeinig, Flavius Philostratus, a oedd yn byw rhwng yr ail a'r drydedd ganrif oc, yn disgrifio gwŷr doeth o'r India 'nad ydynt yn ymladd goresgynwyr ond eu gwrthyrru gydag artileri nefol o fellt a tharanau'.

Ceir hefyd lythyr gan Alecsandr Fawr i'w athro, Aristotle, yn dweud ei fod wedi wynebu'r fath arfau. Wrth gwrs, y dull o gludo'r arfau hyn oedd y *Vimana* a cheir lluniau o'r *Vimana* yn y llawysgrifau.

O amgylch y byd mae yna ragor o enghreifftiau o dystiolaeth bosibl i'n planed fod yn gyrchfan i ymwelwyr o blanedau arall. Mae peintiadau hynafol mewn ogofâu yn anialwch Awstralia sy'n dangos rhywbeth tebyg i astronôt, ac un arall yn portreadu roced. Gwelir y rhain ochr yn ochr â lluniau o anifeiliaid gwyllt y cyfnod.

Yn 1997 agorwyd pyramid yn Abydos yn yr Aifft i'r cyhoedd. Teml i'r Brenin Seti'r Cyntaf oedd hwn, a adeiladwyd dros 3,000 o flynyddoedd yn ôl. Yn 1997 hefyd ymddangosodd llun dadleuol. Yn ôl y sawl a'i tynnodd, sef Ruth Hover (daw arwyddocâd y cyfenw yn amlwg maes o law), roedd y llun yn dangos panel o hieroglyffau a oedd yn ymddangos fel gwrthrychau modern. Roedd mwy o ddadlau fyth gan i Ruth Hover honni iddi golli'r negatif.

Beth bynnag, aeth ymchwilydd o Loegr, Alan F Alford, i weld y panel drosto'i hun. Meddai Alford, 'Wrth i mi edrych i fyny gwelais fod lintel gyda llun hofrennydd arno yn union uwch fy mhen, tua wyth metr i fyny ac yn union y tu mewn i'r fynedfa ar yr ochr chwith . . . Yr agwedd fwyaf trawiadol ynghylch yr hofrennydd yw'r cyfuniad o lafn rotor, siafft rotor, cynffon, caban y llywiwr a chorff y cerbyd o gymharu eu safle â lluniau o hofrenyddion modern. Efallai mai'r enghraifft orau fyddai'r *McDonnell Douglas AH64 Apache*.'

Cyffelybodd luniau eraill i danc milwrol, llong danfor ac awyren neu *UFO*. Roedd y panel cyfan yn ei atgoffa o orymdaith filwrol fodern. Barn yr Eifftolegwyr proffesiynol fodd bynnag yw nad oes unrhyw ddirgelwch o gwbl i'r panel yma; yn syml, nid yw'n ddim byd mwy na cherfiad addurnedig o enw brenhinol.

Mae'r dadlau am ein gwreiddiau arallfydol yn parhau ac yn llenwi sawl llyfr. Y ddadl fwyaf, o bosibl, yw mai aelodau dynolryw yw'r pethau mwyaf annaturiol ar y blaned. A'r rheswm ein bod ni yma yw ein bod ni wedi ein gosod yma fel rhan o arbrawf gan estroniaid. Yn sicr fe fyddai hyn yn esbonio'r 'Cyswllt Coll' sy'n codi yn namcaniaeth esblygiad Darwin. Yn yr un modd mae'n bosibl dehongli dyfodiad *homo sapiens* trwy ymyrraeth Duw. Neu, tybed, a yw Duw, ein Crëwr, ei hun o dras arallfydol ac er i ystyr ein creadigaeth gael ei roi i ddynoliaeth, ein bod ninnau wedyn wedi ei cholli dros y milenia gan adael dim ond atgofion pell a ddaeth maes o law yn sail i wahanol grefyddau'r byd? Un peth sy'n wir am y crefyddau fel ei gilydd – maent yn credu mewn duw, a hwnnw'n byw yn y nefoedd – rhywle yn y gofod.

Pennod 2

YR OES FODERN

Ar 25 Chwefror 1942, lai na thri mis wedi i'r Siapaneaid fomio Pearl Harbour, fe achoswyd cryn fraw pan ymddangosodd nifer o beiriannau hedfan dieithr uwchben Los Angeles.

Am 2.25 y bore canodd y seiren i gyhoeddi rhybudd o gyrch bomio a diffoddwyd holl oleuadau'r ddinas. Rhuthrodd 12,000 o wardeniaid milwrol i'w safleoedd. Am 3.16 y bore dechreuodd gynnau brigâd y *37th Coastal Artillery* danio gan hyrddio sieliau 12.8 pwys tuag at y targedau uwchben wrth i'r chwiloleuadau fritho'r awyr.

Parhaodd y tanio tan 4.14 y bore, gyda rhai o'r sieliau yn methu â ffrwydro ac yn disgyn yn ôl i'r ddaear gan achosi niwed difrifol i dai ac adeiladau eraill. Lladdwyd chwech o bobl, naill ai o effaith y ffrwydron neu o sioc.

Yn ôl dros fil o lygad-dystion gwelwyd cerbydau hedfan anferth yn hofran yn yr awyr. Roedd y taflegrau yn ffrwydro o'u cwmpas ac yn eu herbyn. Roedd gohebydd staff yr *Herald Express* yn bendant iddo weld sawl un o'r sieliau yn ffrwydro ynghanol y cerbydau a methai gredu na saethwyd hyd yn oed un ohonynt i lawr. O'r diwedd symudodd y cerbydau i ffwrdd gan gymryd tua ugain munud i hedfan ugain milltir cyn diflannu o'r golwg.

Crëwyd cryn embaras ac anhrefn mawr i'r awdurdodau milwrol. Disgwylid esboniad ganddynt. Yn Washington cyhoeddodd yr Ysgrifennydd Knox na fu unrhyw awyrennau uwchben Los Angeles a bod y tanio wedi digwydd o ganlyniad i rybudd ffug a nerfau bregus y criwiau saethu. Cododd y datganiad hwn wrychyn y wasg. Tynnwyd sylw at y marwolaethau. A dyfalwyd mai prif bwrpas y digwyddiad oedd ymarferiad propaganda gan swyddogion y llywodraeth a oedd yn awyddus i'r diwydiannau hanfodol symud ymhellach i mewn i'r tir mawr ac oddi ar yr arfordir. Meddai golygydd y

Long Beach Independent: There is a mysterious reticence about the whole affair and it appears some form of censorship is trying to halt discussion of the matter.

Hawdd, efallai, fyddai dychmygu i'r cyfan ddigwydd fel enghraifft wych o un o *'B' Movies* Hollywood ddiwedd y 50au. Ond mae'r dystiolaeth yn bod i brofi'r digwyddiad. Yn 1974 rhyddhawyd memorandwm o dan y Ddeddf Rhyddid Gwybodaeth, dogfen a anfonwyd at yr Arlywydd Franklin D Roosevelt gan y Cadfridog George C Marshall, Pennaeth y Fyddin, ar 26 Chwefror 1942. Dyma'i swm a'i sylwedd: Cafodd 1,430 o sieliau eu tanio at awyrennau anhysbys, nad oeddent yn perthyn i fyddin nac i lynges UDA. Hefyd, bod cynifer â phymtheg o'r awyrennau hyn wedi hedfan ar gyflymdra amrywiol, rhwng 'araf iawn' a 200 milltir yr awr, ar uchder o rhwng 9,000 a 18,000 troedfedd.

Aeth y memorandwm ymlaen i nodi na ollyngwyd bomiau; na saethwyd yr un awyren i'r llawr; nad anafwyd neb o'r lluoedd arfog; a bod yr ymchwiliad yn parhau.

Er i'r Cadfridog ddod i'r casgliad mai awyrennau confensiynol fu'n gyfrifol, does bosibl nad oedd yn synnu na saethwyd yr un ohonynt o'r awyr er i 1,430 o sieliau gael eu tanio? Er i sawl ymchwilydd ymdrechu i sicrhau gwybodaeth swyddogol am y digwyddiad ar ddiwedd y 1950au a thrwy'r 60au, neges y llywodraeth, cyn rhyddhau'r ddogfen hon, oedd gwadu fod ganddynt gofnod o'r digwyddiad.

Ymddangosodd ffenomenon arall yn ystod yr Ail Ryfel Byd, sef y *Foo Fighters* fel y'u gelwid gan beilotiaid lluoedd awyr y cynghreiriaid. Gwelwyd y *Foo Fighters* fel peli o oleuni, weithiau yn hedfan ar ffurf 'V' ac weithiau fel peli unigol, bob tro rhyw droedfedd ar eu traws a'u lliwiau'n amrywio. Ysbrydolwyd yr enw rhyfedd gan gymeriad cartŵn poblogaidd yn ystod y 40au, *Smoky Stover*. Ei hoff ddywediad oedd *Where there's foo, there's fire*. Byddai'r *Foo Fighters* yn hedfan mewn ffurfiant gyda'r awyrennau ac yn cadw'r un pellter oddi wrth awyren er i beilotiaid geisio eu hosgoi neu eu colli.

Er nad oedd y ffenomenon, fel arfer, yn ymyrryd â'r awyrennau, cafwyd nifer o adroddiadau yn mynnu fod eu presenoldeb yn achosi i'r systemau trydanol a'r peiriannau fethu gweithio'n iawn. Wrth i'r *Foo Fighter* gyflymu ac ymbellhau, byddai cyflwr hedfan yr awyrennau yn newid yn ôl i'w cyflwr arferol.

Daeth y rhan helaethaf o'r adroddiadau Americanaidd oddi wrth y *415th Night Fighter Squadron*. Yn ddiweddar rhyddhawyd rholyn o ffilm feicro gan yr *USAF* yn cynnwys hanes a dyddiadur rhyfel yr uned. Yn dilyn fframiau 1613 ac 1614 y ffilm, ceir adroddiadau am wahanol welediadau yn ardaloedd Rastatt, Hagenau a mannau eraill.

Yn 1944 yn yr Almaen, sefydlwyd y *Sonderburo 13* o fewn y Luftwaffe ar gyfer astudio ffenomena anarferol yn yr awyr. Roedd y gwelediad cyntaf i'r *Sonderburo 13* ei astudio yn dyddio 'nôl tua dwy flynedd. Lluniwyd yr adroddiad gan Hauptman Fischer, a oedd yn beiriannydd. Ar 14 Mawrth 1942 am 5.35 yr hwyr, tra oedd yn paratoi i lanio ar faes awyr cyfrinachol Banak yn Norwy, gwelodd o'i flaen gerbyd awyr llilin (*streamline*), anferthol tua 300 troedfedd o hyd a 50 troedfedd mewn diamedr. Hofranodd y gwrthrych (y peth tebycaf i forfil yn hedfan meddai Fischer) am amser hir cyn codi'n syth i fyny a diflannu ar gyflymdra aruthrol. Mynnai Fischer nad oedd y cerbyd wedi ei lunio gan ddyn. Wfftiwyd ei adroddiad gan y Cadlywydd Awyr, Hermann Goering.

Achos arall y bu *Sonderburo 13* yn ymchwilio iddo oedd lansiad roced arbrofol ar 12 Chwefror 1944 o ganolfan arbrofi Kummersdorf. Yno roedd y Gweinidog Propaganda Joseph Goebbels, y Reichsfuhrer Heinrich Himmler o'r *SS* a'r Gruppenfuhrer Heinz Kammler, hefyd o'r *SS*. Ychydig ddyddiau yn ddiweddarach trefnwyd i ddangos ffilm o'r lansiad yng nghanolfan Kummersdorf i gynulleidfa o wahoddedigion. Synnwyd pawb a oedd yn gwylio'r ffilm pan welsant, yn hollol eglur, ryw wrthrych crwn yn dilyn y roced a chylchynu o'i chwmpas.

Hwyrach mai'r dystiolaeth fwyaf argyhoeddiadol ar ffeil gan *Sonderburo 13* oedd ymchwiliad i adroddiad gan un o beilotiaid gorau'r *Luftwaffe* a oedd bellach yn beilot prawf. Ar 29 Medi 1944 am 10.45 y bore roedd y peilot yn hedfan un o awyrennau jet newydd y *Luftwaffe*, y *Messerchmitt* 262, pan dynnwyd ei sylw gan ddau bwynt o oleuni ar ei ochr dde. Trodd y peilot ei awyren tuag at y ddau olau ac, wrth iddo agosáu atynt, canfu ei hun wyneb yn wyneb â gwrthrych siâp silindr dros 300 troedfedd o hyd, gydag agoriadau ar hyd ei ochr a theimlyddion hirion ar ei flaen yn ymestyn yn ôl hyd at tua'i hanner. Wedi cyrraedd tua 1,500 troedfedd oddi wrth y silindr dychrynodd y peilot o sylweddoli fod y gwrthrych yn teithio ar gyflymdra llawer yn gynt na 1,200 milltir yr awr.

Un swyddog cudd-wybodaeth yn yr *RAF* a dderbyniodd adroddiadau gan beilotiaid am ddigwyddiad o'r fath oedd Michael Bentine a ddaeth yn enwog wedyn fel aelod o'r *Goon Show*. Mewn cyfweliad yn ddiweddarach dywedodd Mr Bentine fod yr *RAF* yn meddwl ar y pryd mai arf newydd cyfrinachol gan yr Almaenwyr oedd y *foo-fighters*, a bod hyn yn creu cryn bryder i'r awdurdodau. Ar y llaw arall, credai'r Almaenwyr hwythau mai arf newydd gan y cynghreiriaid oedd yr hyn a welsant.

Daeth y Rhyfel i ben, a dod i ben hefyd wnaeth yr adroddiadau am y *Foo Fighters*. Eto, hwyrach iddynt godi awch pobl a deffro'u chwilfrydedd. Gwelwyd pethau rhyfedd yn yr awyr gan y cyhoedd a chan beilotiaid. Ond dyn busnes 32 mlwydd oed o Idaho a welodd y peth rhyfeddaf un.

Ei enw oedd Kenneth Arnold, cynllunydd, cynhyrchydd a gwerthwr offer diffodd tân. Ar 24 Mehefin 1947, wrth hedfan ei awyren *Callair* tuag at Yakima, oedodd uwch mynyddoedd y Cascade yn y gobaith o weld gweddillion awyren nwyddau a oedd wedi diflannu yn yr ardal. Roedd Arnold yn beilot Chwilio ac Achub.

Hedfanodd o gwmpas mewn tywydd heulog, clir ar uchder o 3,000 metr cyn troi am Yakima. Yna denwyd ei sylw gan fflach sydyn. Gwelodd yr haul yn disgleirio ar ffurfiant o naw gwrthrych disglair yn gwibio tua'r de, y gwrthrych ar y blaen yn edrych yn wahanol i'r wyth arall.

Credai Arnold iddo fod yn dyst i awyrennau jet cyfrinachol. Ar ôl glanio daeth i'r casgliad eu bod yn teithio ar gyflymdra o 1,900 km yr awr. Bryd hynny doedd awyrennau arferol ddim hyd yn oed wedi torri'r gwahanfur sain, sef cyflymdra o 1,200 km yr awr.

Hedfanodd ymlaen i Pendleton, lle'r oedd y wasg wedi clywed am yr hyn a welsai. Erbyn hyn credai fod cyflymdra'r gwrthrychau yn agosach at 2,700 km yr awr. Ond rhag edrych yn ffŵl o flaen y wasg, dywedodd mai tua 1,200 km yr awr oedd eu cyflymdra. Mewn cynhadledd frysiog, disgrifiodd yr hyn a welodd: *They skipped along like a saucer would if you skipped it across water.*

Y stori yn y papurau'r bore wedyn oedd: *Nine bright saucer-like objects flying at incredible speed at 10,000 feet altitude were reported here today by Kenneth Arnold, a Biose, Idaho pilot who said he could not hazard a guess as to what they were.* Felly, er nad oedd y gwrthrychau ar siâp soseri, oherwydd dyfyniad anghywir gan y wasg fe fathwyd y term *Flying Saucer*.

Rai blynyddoedd yn ôl rhyddhawyd dogfennau'r *FBI* am y digwyddiad i'r cyhoedd, o dan y Ddeddf Rhyddid Gwybodaeth. Er na chafwyd esboniad am yr hyn a welwyd, mae'r sylwadau ar ddilysrwydd yr adroddiad yn werth eu nodi: 'Mae'r cyfwelydd yma o'r farn fod Arnold yn wir wedi gweld yr hyn a ddatganwyd yn yr adroddiad isod. Mae'r cyfwelydd yma hefyd o'r farn fod gan Arnold lawer mwy i'w golli nag i'w ennill, a'i fod yn hollol sicr o'r hyn a welodd cyn iddo gynnig y fath adroddiad a'i adael ei hun yn agored i'r gwawd a fyddai'n rhwym o ddilyn adroddiad o'r fath.' Arwyddwyd y memorandwm gan yr Asiant Arbennig Frank M Brown, Swyddog Mewn Gofal gyda'r *FBI*, ar 16 Gorffennaf 1947.

Mae'r digwyddiad nesaf yn drobwynt yn hanes

astudiaethau *UFOs*, ac efallai'n drobwynt yn hanes dynoliaeth os yw'r honiadau'n wir. Bellach mae'n rhan o hanes America a bu'n destun rhaglenni teledu, llyfrau, erthyglau a ffilm yn Hollywood.

Tref fechan yn nhalaith Mecsico Newydd yw Roswell, ond tref sydd mewn rhan arbennig iawn o'r wlad. Yn 1947, adeg y digwyddiad, roedd maes awyr pwysig iawn gerllaw, sef y *Roswell Army Airfield (RAAF)*, cartref y *509th Bomb Group*. Gwta ddwy flynedd yn gynharach, yn dilyn un o'r rhaglenni gwyddonol mwyaf cyfrinachol erioed, sef prosiect *Manhattan*, ffrwydrwyd y bom atomig cyntaf, a'r 509th ar y pryd oedd yr unig adain filwrol ar y blaned yn meddu ar allu niwclear. Felly, roedd cyfrinachedd yn hanfodol er mwyn cadw bodolaeth y grŵp yn ddirgel.

Nid nepell i'r gorllewin roedd y *White Sands Missile Range* lle datblygwyd taflegrau fel y *Cruise*, sydd â'i wreiddiau yn nhechnoleg y taflegryn *V2* Natsïaidd, ynghyd ag amrywiaeth o arfau newydd eraill. Roedd diogelwch a chudd-wybodaeth, felly, yn hollbwysig, yn enwedig o ystyried pryderon ac obsesiwn y llywodraeth gyda bygythiad tebygol y comiwnyddion. Ar ben hyn, oherwydd llawer iawn o welediadau dramatig diweddar, roedd gan y cyhoedd ddiddordeb mawr iawn mewn soseri hedegog. Bron nad oedd disgwyl i bethau gyrraedd rhyw uchafbwynt.

Lai na phythefnos wedi gwelediad Arnold, tua deg o'r gloch yr hwyr ar 7 Gorffennaf 1947, roedd Mr a Mrs Dan Wilmott o dref Roswell yn eistedd y tu allan i'w tŷ tua deg o'r gloch, pan welodd y gŵr rhyw wrthrych mawr, rhyfedd yn gwibio drwy'r awyr. Tynnodd sylw'i wraig a rhedodd y ddau i'r iard gefn i'w wylio. Buont yn edrych arno am tua 40–50 eiliad. Roedd iddo siâp hirgrwn fel dwy soser, un ben i waered ar ben y llall, a'r ddwy wedi'u cysylltu wrth eu hymylon. Ymddangosai fel petai golau yn treiddio o'r tu fewn.

Drannoeth, wedi storm ddychrynllyd o fellt a tharanau ganol nos, roedd ffermwr o'r enw William W 'Mac' Brazel allan yn crwydro ei dir pan ganfu lwyth o falurion llachar tua saith milltir o'i gartref. Roedd y defnydd yn debyg iawn i ffoil metel, tenau ynghyd â stribedi tebyg i goed balsa. Taflodd Brazel rai o'r darnau i gefn ei jîp a'u cludo adref. Dridiau'n ddiweddarach aeth â'r llwyth at y Siryf, George Wilcox. Gan feddwl fod cysylltiad rhwng y darnau a rhyw brosiect milwrol, cysylltodd yntau â'r maes awyr milwrol yn Roswell a danfonwyd yr Uwchgapten Jesse A Marcel, swyddog cudd-wybodaeth yn y maes awyr, i swyddfa'r Siryf i weld y darnau ac i holi Brazel.

Bu'n edrych ar y darnau yn y sièd cyn symud ymlaen wedi iddi oleuo i'r man lle daeth Brazel o hyd iddynt. Casglwyd cynifer o ddarnau â phosib i'r jîp a'u cludo'n ôl i'r maes awyr, lle'r oedd awyren *B-29* yn disgwyl amdanynt. Gorchmynnwyd Marcel i hedfan gyda'r darnau i bencadlys uwch, sef Wright Field, Dayton, Ohio (Wright-Patterson AFB erbyn hyn). Unwaith yr oedd yr awyren yn yr awyr rhyddhawyd datganiad i'r wasg gan Lefftenant Walter Haut, dan awdurdod prif swyddog y maes awyr, y Cyrnol William Blanchard. Yn ôl y rheolau, mae'n debyg i hwnnw gael caniatâd Washington cyn rhyddhau'r datganiad canlynol: *The many rumours regarding the flying disk became a reality yesterday when the intelligence officer was fortunate enough to gain possession of a disk through the co-operation of one of the local ranchers. Action was immediately taken and the disk was picked up at the rancher's home. It was inspected by the RAAF and subsequently loaned to higher headquarters.*

Mae'n siŵr fod trigolion Roswell wedi cynhyrfu'n lân o ddarllen y prif bennawd ar dudalen flaen y *Roswell Daily Record* ar 8 Gorffennaf 1947.

Stori i ysgwyd y byd o ddifrif. Ond beth ddigwyddodd i'r *B-29* a'i llwyth? Cyn cyrraedd Wright Field, glaniodd yr awyren ym maes awyr milwrol Carswell, Fort Worth, Texas. Hwn oedd pencadlys yr *Eighth Air Force* ac yno daeth y Cadfridog Roger Ramey i gydio yn yr awenau. Cafodd Marcel a'r lleill oedd ar yr awyren orchymyn i beidio â siarad ag unrhyw newyddiadurwyr. Er hynny, trefnwyd cynhadledd i'r wasg.

Aethpwyd â Marcel, ynghyd â'r gweddillion a gludwyd yno, i swyddfa Ramey. Gosodwyd y darnau ar ei ddesg, ond tra oedd Marcel mewn stafell arall, cawsant eu cyfnewid am ddarnau o falŵn tywydd a *RAWIN*, sef targed adlewyrchu signal radar. Cyn i Marcel gael cyfle i dynnu sylw'r Cadfridog at hyn galwyd ar Irving Newton i ddod i mewn. Swyddog meteorolegol oedd Newton ac ef oedd ar ddyletswydd ar y pryd. Pan holwyd Newton yn 1993 am y digwyddiad dywedodd: *I walked into the General's office where this supposed flying saucer was lying all over the floor. As soon as I saw it, I giggled and asked if that was the flying saucer . . . I told them that this was a balloon and a RAWIN target.*

Wrth glywed hyn galwodd Ramey ar aelodau'r wasg ar unwaith. Nid oedd gan Marcel unrhyw ddewis ond cael tynnu ei lun gyda'r gweddillion. Ni wastraffodd Ramey unrhyw amser cyn datgelu fod swyddogion canolfan awyrlu Roswell, o'r Cadlywydd i'r swyddog cudd-wybodaeth, wedi camddehongli natur y gweddillion. Y diwrnod canlynol, dyma brif bennawd y *Roswell Daily Record:*

Gen. Ramey Empties Roswell Saucer
Ramey says Excitement is Not Justified
General Ramey Says Disk is Weather Balloon

O ganlyniad, collodd pawb ddiddordeb yn y digwyddiad tan 1978, pan adroddodd Jesse Marcel yr hanes yn y *National Enquirer,* papur newydd tabloid, wedi iddo ymddeol o'r Llu Awyr. Mewn cyfweliad â'r awdur, William Moore, datgelodd Marcel dipyn mwy o fanylion na'r hyn a gafwyd yn 1947.

Dywedodd fod y gweddillion wedi'u gwasgaru dros ardal

tua thri-chwarter milltir o hyd a thua 300 troedfedd o led. Roedd yno wahanol fathau o ddarnau, rhai nad oedd Marcel yn gyfarwydd â nhw. Disgrifiodd rai ohonynt fel trawstiau tua hanner modfedd sgwâr o drwch, gydag ysgrifen arnynt yn debyg i hieroglyffau. Doedd neb wedi medru dehongli'r ysgrifen. Roedd defnydd y trawstiau yn debyg i bren ysgafn, fel balsa, eto nid pren ydoedd.

They were very hard, although flexible, and would not burn. There was a great deal of parchment-like substance which was brown in color and extremely strong, and a great number of small pieces of a metal-like tinfoil, except that it wasn't tinfoil.

Yn dilyn cyhoeddi'r erthygl hon daeth nifer o bobl ymlaen i gynnig mwy o wybodaeth. Cafwyd sawl adroddiad gan dystion, yn aelodau o'r cyhoedd ac yn filwyr fel ei gilydd, iddynt orfod tyngu llw i beidio â sôn am y digwyddiad. Serch hynny, gan fod y stori bellach yn gyhoeddus, roedd hi'n bwysicach o lawer i'r bobl hyn siarad yn agored yn hytrach na mynd â'r gyfrinach gyda nhw i'r bedd.

Creodd yr hanes fwrlwm o ddiddordeb ac yn dilyn cryn ymchwil, dechreuodd darnau ychwanegol y jig-so ddisgyn i'w lle gan greu darlun mwy cyflawn. Daethpwyd i'r casgliad fod cerbyd arallfydol, ar y noson dan sylw, wedi ffrwydro nid nepell o gartref Mac Brazel. Nododd yr adroddiad yn y *Roswell Daily Record* ar 8 Gorffennaf 1947 fod Brazel wedi clywed sŵn tebyg i ffrwydrad uwch twrw'r storm. Hwyrach i'r cerbyd gael ei daro gan fellten. Disgynnodd darnau oddi ar y cerbyd, sef y rhai a ganfuwyd ar dir Brazel – sy'n ategu barn hwnnw iddynt ddisgyn o'r awyr – ond llwyddodd i barhau i hedfan am 100 milltir arall cyn taro'r ddaear. Ac yna, yn ardal Gwastadedd San Augustin, i'r dwyrain o Socorro, Mecsico Newydd, darganfuwyd nid yn unig y llong ofod fetelaidd ond hefyd gyrff.

Y cyntaf i daro ar yr olygfa oedd Grady L 'Barney' Bennett, peiriannydd sifil gyda Gwasanaeth Cadwraeth Pridd yr UDA, oedd yn digwydd gweithio yn yr ardal ar y pryd. Adroddodd hwnnw'r hanes wrth ei ffrindiau. Disgrifiodd y llong ofod fel disg tua 25–30 troedfedd mewn diamedr. Wrth iddo edrych o gwmpas y cerbyd cyrhaeddodd grŵp o bobl a aeth ati i'w cyflwyno'u hunain fel tîm archeolegol o Brifysgol Pensylfania.

Disgrifiodd Bennett y cerbyd fel un metelig, tebyg i ddur distaen. Roedd wedi hollti, un ai o ganlyniad i ffrwydrad neu i'r gwrthdrawiad ei hun. Medrai weld cyrff marw y tu mewn a'r tu allan iddo ac er eu bod yn edrych fel pobl, nid pobl oedden nhw. Roedd eu pennau'n grwn ac yn gwbl foel ac roedd ganddynt lygaid bychain. Roeddent yn fach o'u cymharu â phobl ddynol ac ymddangosai eu pennau yn rhy fawr o gymharu â gweddill eu cyrff. Roedd hi'n ymddangos eu bod i gyd yn gwisgo dillad un-darn, lliw llwyd a'u bod oll yn wryw. Ac er ei fod yn ddigon agos i'w cyffwrdd, ni chafodd gyfle i wneud hynny.

Tra oedd yn syllu arnynt cyrhaeddodd tryc yn cario gyrrwr a swyddog milwrol. Yn fuan iawn cyrhaeddodd mwy o filwyr. Marciwyd y safle gyda rhuban a rhybuddiwyd pawb i beidio â sôn am y digwyddiad. Pwysleisiwyd bod hyn yn ddyletswydd gwladgarol.

Er nad yw hi'n bosibl profi'r honiadau hyn yn eu cyfanrwydd, cadarnhaodd Prifysgol Pensylfania drwy eu cofnodion fod tîm archeolegol yn yr ardal ar y pryd.

Mae'r prif ymchwilwyr, Bill Moore, a'r ffisegydd niwclear Stanton Friedman, wedi cyf-weld mwy na chant o dystion yr un ers 1978. Mae'r ddau o'r farn mai'r fersiwn hwn yw'r gwirionedd a bod y fersiwn swyddogol wedi ei greu ar fwriad i dynnu sylw pawb oddi wrth Socorro. Os yw hyn yn wir, fe weithiodd. Dim ond yn dilyn blynyddoedd o bwysau gan y cyhoedd y cyhoeddodd yr *USAF* adroddiad ym mis Gorffennaf 1994, *Report of Air Force Research Regarding the 'Roswell Incident'*.

Craidd yr adroddiad yma oedd esbonio nad balŵn meteorolegol oedd wedi taro'r ddaear yn 1947 ond balŵn o brosiect *Mogul*, un o'r prosiectau mwyaf cyfrinachol ar y pryd. Bwriad y prosiect hwnnw oedd datblygu offer a fedrai gofnodi ffrwydrad niwclear yn Rwsia. Canlyniad y stori hon, fodd bynnag, oedd gwthio'r ddadl ymhellach i sylw'r cyhoedd gydag ymchwilwyr a thystion am y gorau i'w chondemnio.

Yn 1995, llwyddodd y Cyngreswr, y diweddar Steve Schiff, i gael y *General Accounting Office (GAO)* i agor ymchwiliad swyddogol i'r digwyddiad. Dyma'r corff sy'n gyfrifol am sicrhau fod sefydliadau Llywodraeth America yn atebol am eu gweithredoedd. Mae'r adroddiad ei hun yn un trylwyr iawn ac er ei fod yn ddiddorol, mae'n llawer rhy hir i'w gofnodi yma. Serch hynny, roedd Schiff o'r farn fod y dyfyniad canlynol gan y *GAO* yn dangos nad yw dirgelwch Roswell wedi ei ddatrys eto, o bell ffordd: *The Air Force report concluded that there was no dispute that something happened near Roswell in July 1947 and that all available official materials indicated the most likely source of the wreckage recovered was one of the project MOGUL balloon trains. At the time of the Roswell crash, project MOGUL was a highly classified US effort to determine the state of Soviet nuclear weapons research using balloons that carried radar reflectors and acoustic sensors.*

Yn ychwanegol at hyn, mae'r adroddiad yn nodi fod cofnodion unrhyw negeseuon a adawodd yr *RAAF* yn y cyfnod yma ar goll. Credir iddynt gael eu dinistrio. Eto does neb fel petaent yn gwybod pwy awdurdododd gam o'r fath. Byddai'r cofnodion hyn wedi bod yn gofnod clir o'r ddeialog rhwng Washington a Roswell gan ddadlennu beth yn union gafodd ei hedfan i Wright Field.

'Rwyf ar ddeall fod y cofnodion hyn i fod yn rhai sefydlog a pharhaol, ac na ddylent fod wedi'u dinistrio,' meddai Schiff. 'Nid oedd yn bosibl i'r *GAO* wybod pwy wnaeth awdurdodi eu dinistrio, na pham.'

Ar 24 Mehefin 1997, hanner can mlynedd i'r diwrnod i Kenneth Arnold weld y soseri hedegog enwog, penderfynodd y Pentagon gynnal cynhadledd i'r wasg drwy'r Cyrnol John Haynes, pennaeth adran Tîm Diogeliad ac Adolygu Llu Awyr UDA. Y bwriad oedd cyhoeddi adroddiad arall gan y Llu Awyr, *The Roswell Report, Case Closed*. Darlledwyd y gynhadledd yn fyw ar *CNN* a gwyliais adroddiad byr iawn ar raglen newyddion BBC 1 am 9.00 o'r gloch y nos.

Dechreuodd y datganiad drwy i'r Cyrnol Haynes groesawu pawb. Ond bu'n rhaid atal ei araith wrth iddo gloi ei frawddeg gyntaf oherwydd i'r newyddiadurwyr ddechrau chwerthin: *We're confident once this report is out and digested by the public, this will be the final word on the Roswell Incident . . .*

Ergyd araith Haynes oedd fod pedwar casgliad elfennol i'r ymchwiliad diweddaraf sef:

1. Bod gweithgareddau'r Llu Awyr dros nifer o flynyddoedd wedi'u cywasgu i ddau neu dri diwrnod yng Ngorffennaf 1947.
2. Nad oedd y cyrff a welwyd yn anialwch Mecsico Newydd *fwy na thebyg* (fy mhwyslais i) yn ddim byd mwy na *test dummies* a gariwyd gan yr *USAF* mewn balwnau uchder uchel ar gyfer ymchwil wyddonol.
3. Nad oedd y gweithgareddau milwrol anarferol a welwyd yn anialwch Mecsico Newydd yn ddim byd mwy na thîm o'r *USAF* yn nôl balwnau oedd wedi glanio.
4. Bod honiadau o gyrff yn ysbyty'r *RAAF fwy na thebyg* (fy mhwyslais i) yn gyfuniad o ddau ddigwyddiad gwahanol. Un oedd damwain awyren *KC-97* yn 1956, pan fu farw un ar ddeg aelod o'r criw. Y llall oedd criw o ddau a anafwyd wrth hedfan mewn balŵn yn 1959.

Yna dangoswyd clipiau ffilm i'r wasg o'r prosiectau yr oedd y Llu Awyr yn honni iddynt gael eu camddehongli gan y cyhoedd. Ond roedd y digwyddiadau hyn yn perthyn i ganol y 50au, 1960 a 1972, nid i 1947.

Er bod tystiolaeth yr *USAF* yn ymddangos yn gadarn ar yr olwg gyntaf, mae ynddi ddigon o wendidau. A chafodd y sglein a roddwyd i'r gynhadledd gan y Llu Awyr gryn effaith ar y cyfryngau. Serch hynny, fe ofynnodd Jamie McIntyre, gohebydd milwrol *CNN*, gyfres o gwestiynau uniongyrchol i'r Cyrnol Haynes. Gwadodd Haynes fod gan yr Awyrlu unrhyw ddarnau o long ofod arallfydol. Gwadodd hefyd iddo fod yn rhan o dwyll bwriadol na chael ei ddefnyddio gan y llywodraeth.

Felly, dyna ddiwedd ar y dirgelwch. Ond na. Fel sy'n

digwydd mor aml yn y maes hwn, daeth ffynhonnell newydd i'r fei. A honno o gyfeiriad annisgwyl iawn, sef erthygl yn *The Sunday Times*, 8 Mehefin 1997. Cyfeiriai'r erthygl at gyfrol newydd gan y Cyrnol Philip Corso a fynnai mai llong ofod oedd wedi taro'r ddaear ger Roswell, ac iddo weld corff un o'r bodau oedd arni. Digwydd gweld y gyfrol mewn siop lyfrau yn y Barri wnes i cyn ei phrynu a'i darllen yn reit handi. Mae'n rhaid cyfaddef i fersiwn Corso atgyfodi pob math o ddadleuon.

Hunangofiant yw'r gyfrol yn y bôn, ond mae'r dystiolaeth a gyflwynir gan Corso yn un iasol. Bu'r awdur ei hun yn gwasanaethu ym myddin UDA am un mlynedd ar hugain a chafodd ei anrhydeddu â 19 o fedalau, addurniadau a rhubanau. Bu'n aelod allweddol gan ei fod yn un o swyddogion cudd-wybodaeth y fyddin. Treuliodd gyfnodau ar staff y Cadfridog McArthur, ac yn hwyrach yn ei yrfa ar Gyngor Diogelwch Cenedlaethol yr Arlywydd Dwight D Eisenhower.

Wedi ymddeol o'r fyddin yn 1963, symudodd i weithio ar staff y Seneddwyr James Eastland a Strom Thurmond, fel arbenigwr yn yr adran Diogelwch Cenedlaethol. Pan gyhoeddwyd y gyfrol yn 1997, sef hanner-canmlwyddiant digwyddiad Roswell, roedd Thurmond yn gadeirydd ar Bwyllgor y Lluoedd Arfog yn ogystal â bod yn bedwerydd yn y rhestr i ymgymryd â gwaith yr Arlywydd ei hun mewn sefyllfa o argyfwng. Tyst credadwy o'r diwedd. Yr unig wendid yw ei fethiant i gyflwyno tystiolaeth ddogfennol i gadarnhau ei honiadau. Ond mae'n anffodus fod llawer o feirniaid y gyfrol wedi ei beirniadu ar lefel bersonol a heb wneud unrhyw ymdrech i ymchwilio i'r wybodaeth a osodir gerbron.

Mynnai Corso iddo weld corff un o'r creaduriaid yn dilyn digwyddiad Roswell tra oedd yn brif swyddog ar ddyletswydd diogelwch yn Fort Riley, Kansas, yn 1947. Roedd y corff yn cael ei symud i faes awyr milwrol Wright Field, sy'n enwog fel y man lle cludwyd gweddillion y cerbyd a ddaeth i lawr yn Roswell a'i gadw yn Hangar 18.

Yn dilyn ei ddyrchafiad i'r Pentagon yn 1961, penodwyd

Corso yn bennaeth yr Adran Technoleg Dramor sy'n rhan o Adran Ymchwil a Datblygu'r fyddin. Yno bu'n atebol i Arthur G Trudeau, Is-gapten a Chadfridog. Ei brif orchwyl oedd cadw llygad ar ddatblygiadau gwledydd tramor, gan gynnwys gwledydd cyfeillgar, a throsglwyddo unrhyw wybodaeth am welliannau i gontractwyr amddiffyn a phrifysgolion er mwyn sicrhau y byddai'r gwelliannau hynny yn cael eu cynnwys mewn prosiectau Americanaidd.

Yr adran hon fyddai hefyd yn cynnal gwaith peirianneg gwrthdro, neu *reverse engineering*, i ddwyn gwybodaeth am arfau neu dechnoleg a ddygwyd oddi ar y bloc Sofietaidd. Hynny yw, fe fydden nhw'n derbyn eitemau gorffenedig a'u datgymalu'n ddarnau i ddarganfod eu cyfrinachau. O ddarganfod unrhyw beth o werth, ceisid ei addasu at ddefnydd America. Ar ei ddiwrnod cyntaf yn y swydd trosglwyddwyd iddo lwyth o eitemau a oedd yn deillio o ddamwain Roswell fel y gallai ddyfalu eu pwrpas ac unrhyw ddulliau o'u haddasu ar gyfer y fyddin.

Er bod ei lyfr yn hynod ddiddorol, nodaf yma ei brif honiadau yn unig, sef rhestru'r datblygiadau a ddeilliodd o ganlyniad i'r ymchwil i'r defnyddiau a ddaeth i'r fei yn namwain Roswell yn 1947. Maent yn cynnwys sglodion cyfrifiadurol, ffibrau optegol, technoleg laser a thechnoleg gweld yn y tywyllwch. Rhestrir hefyd yr arfwisg atal bwledi *Kevlar*, a ddefnyddir ledled y byd bellach gan heddluoedd a lluoedd arfog, aliniad moleciwlaidd mewn aloiau metelau, systemau llywio a reolir drwy'r meddwl a systemau tanwydd electromagnetig. Nododd hefyd i arfau pelydr gronynnol gael eu datblygu yn sgîl darganfyddiadau Roswell, a dywedodd i'r arf arbennig hwn gael ei ddefnyddio'n llwyddiannus am y tro cyntaf i saethu *UFO* o'r awyr uwchben maes awyr milwrol Ramstein yn yr Almaen yn 1974.

Ar ben hyn, mae'n disgrifio sut y dosbarthwyd y gwahanol ddarnau o'r ddamwain rhwng y Llu Awyr, y Llynges a'r Fyddin. Yna cawn ei ymateb wrth iddo ddarllen y ffeiliau a'r adroddiadau awtopsi ar y creaduriaid a dynnwyd o'r cerbyd, ynghyd â gweld lluniau ohonynt yn Ysbyty Walter Reed, Talaith Washington.

Pan oedd rhywun yn holi beth oedd tarddiad y darnau oedd yn ei feddiant, ateb Corso oedd iddynt ddod i ddwylo'r Fyddin fel 'technoleg estron a ddaeth i'n meddiant', heb fanylu oherwydd gofynion diogelwch. Gan fod hyn yn ateb digon cyffredin ynghylch technoleg Sofietaidd, roedd y rhan fwyaf yn derbyn mai'r datblygiadau diweddaraf o'r bloc Sofietaidd oedd yr offer. Ac i gadw pawb yn hapus – ac yn dawel – byddai'r contractwyr ffodus yn ennill yr hawl i'r patent ynghyd ag unrhyw freindaliadau a ddeuai o werthu'r dechnoleg ynghyd ag unrhyw ddatblygiadau pellach yn y farchnad.

Yn anffodus, cyhoeddwyd *The Day After Roswell* dair blynedd wedi marwolaeth Trudeau – yr unig ddyn, mae'n debyg, a allai fod wedi cadarnhau honiadau Corso. Bu farw Corso ei hun yn dilyn ail drawiad ar y galon ar 16 Gorffennaf 1998 yn 83 oed.

Er iddo ailgynnau'r ddadl ynglŷn â'r hyn a ddigwyddodd yn Roswell yn 1947, efallai'n wir iddo adael mwy o gwestiynau sy'n amhosibl eu hateb wrth i'r genhedlaeth a fu'n rhan o ddigwyddiad mwyaf yr ugeinfed ganrif ddiflannu, fel y digwyddiad ei hun, i dudalennau hanes.

Pennod 3

GWELEDIADAU YM MHRYDAIN A THU HWNT

Yn ôl y Weinyddiaeth Amddiffyn, penderfynwyd ar bolisi swyddogol i gadw cofnodion parhaol o adroddiadau UFO yn 1962, a hynny fel ymateb i'r twf yn y diddordeb a ddangoswyd gan y cyhoedd. Honnwyd bod pob dogfen oedd yn bodoli cyn y dyddiad hwnnw wedi cael ei dinistrio fel rhan o drefn gweithredu rheolaidd yr adran archifau.

Beth bynnag, pan ddaw'n amser i ryddhau llwyth o archifau 'newydd' i'r cyhoedd, mae ymchwilwyr weithiau'n darganfod cofnodion a lwyddodd i osgoi llygaid dinistriol yr arolygwyr cyn 1962.

Yn 1952, yn dilyn nifer o welediadau dramatig a ddilynwyd ar setiau radar sifil a milwrol uwchben dinas Washington DC ym mis Gorffennaf y flwyddyn honno, gorfodwyd Llu Awyr UDA, drwy'r Cadfridog Nathan W Twining, i wneud datganiad cyhoeddus swyddogol yn esbonio'r digwyddiad. Creodd hyn gymaint o ddiddordeb ym Mhrydain nes i'r Prif Weinidog, Winston Churchill, ddanfon nodyn personol i Ysgrifennydd y Weinyddiaeth Awyr ac i'r Arglwydd Cherwell ar 28 Gorffennaf 1952. Mae'r nodyn, ynghyd â'r ateb, ar gof a chadw yn Kew.

Yn y ffeil, rhif *PREM 11/855*, mae Churchill yn gofyn: *What does all this stuff about flying saucers amount to? What can it mean? What is the truth? Let me have a report at your convenience.*

Derbyniodd ateb yn ôl o'r Weinyddiaeth Awyr, dyddiedig 9 Awst 1952: *The various reports about unidentified flying objects, described by the Press as "flying saucers", were the subject of a full Intelligence study in 1951.*

Mae'r llythyr yn mynd ymlaen i ddweud y gallai'r ateb fod yn un o'r canlynol, neu'n gyfuniad ohonynt: ffenomena astronomegol neu feteorolegol; camgymryd am awyrennau, balwnau, adar ac ati; lledrith gweledol neu dwyll seicolegol;

neu dwyll bwriadol. Roedd yr Americanwyr wedi dod i'r un casgliad yn 1948/9, meddai'r llythyr, a doedd dim wedi digwydd oddi ar 1951 i wneud i'r Weinyddiaeth, na'r Americanwyr, yn ôl pob golwg, newid eu meddyliau.

Tybed pam y dywedwyd hyn wrth Churchill? I ddechrau, nid oedd y Weinyddiaeth Awyr *yn* medru esbonio pob adroddiad. Cadarnhaodd y Dirprwy Gyfarwyddwr Cuddwybodaeth fod deg y cant o'r adroddiadau a dderbyniwyd rhwng 1950 a 1953 yn dod oddi wrth dystion â chymwysterau perthnasol, lle'r oedd cadarnhad pellach ac annibynnol, eto nid oedd unrhyw esboniad am yr hyn a welwyd.

Dylid dweud hefyd nad oedd yr Americanwyr wedi datgan barn debyg, fel y nodwyd mewn dogfen gyfrinachol iawn a awdurdodwyd gan Nathan Twining yn 1948: *The frequency of reported sightings, the similarity in many of the characteristics attributed to the observed objects and the quality of observers considered as a whole, support the contention that some type of flying object has been observed . . . The origin of these devices is not ascertainable.*

Mae hyn yn dangos yn ddigon clir nad oedd y sefyllfa yn UDA yn cyfateb i'r ateb a gynigiwyd i Churchill. Mewn cofnod gan H Marshall Chadwell, y Dirprwy Gyfarwyddwr Cuddymchwil Gwyddonol, at Gyfarwyddwr y *CIA*, Medi 1952, datgelwyd fod *ATIC*, sef y Ganolfan Awyr Gudd-ymchwil Dechnegol wedi derbyn tua 1,500 o adroddiadau swyddogol ers 1947. Rhwng Ionawr a Gorffennaf y flwyddyn honno'n unig derbyniwyd 250.

O'r 1,500 o adroddiadau, roedd *ATIC* yn cydnabod fod 20 y cant yn anesboniadwy; roedd canran yr adroddiadau anesboniadwy rhwng Ionawr a Gorffennaf yn codi i 28 y cant. Yn ôl y Weinyddiaeth Amddiffyn heddiw, nid yw'r adroddiad cyflawn ar y sefyllfa yn 1951 yn dal i fodoli. Ar yr achlysuron y bûm yn holi'r Weinyddiaeth Amddiffyn am gael gweld copi o unrhyw adroddiad sy'n berthnasol i'r digwyddiad, mynnent nad oedd un yn bod.

Mae yna ddau gwestiwn pwysig i'w hateb yn sgîl y wybodaeth hon:

1. A wnaeth yr Americanwyr ddatgelu eu gwybodaeth yn gywir i Brydain? Ac os gwnaethant, pwy o fewn y Weinyddiaeth wnaeth gamarwain y Prif Weinidog?
2. Ai fi yn unig sydd o'r farn ei bod hi'n rhyfedd i gwestiwn y Prif Weinidog a'r ateb i'r cwestiwn hwnnw gael eu cadw, ond nid manylion yr archwiliad a wnaethpwyd yn 1951? Wedi'r cyfan, seiliwyd yr ateb i'r Prif Weinidog ar yr archwiliad hwn.

Trown yn awr at ddigwyddiad yn RAF Topcliffe, rhif *PRO* y ffeil – *AIR 16/1199*. Ar 19 Medi 1952, yn ystod Ymarferiad *Mainbrace*, ymarferiad milwrol gan wledydd *NATO*, gwelwyd *UFO* yn dilyn awyren jet *Meteor* wrth iddi baratoi i lanio. Roedd y llygad-dystion, dau swyddog *RAF*, ynghyd â thri aelod o griw awyren, yn gwylio'r *Meteor* o safle maes awyr RAF Topcliffe, Swydd Efrog. Gwelwyd gwrthrych lliw arian ar ffurf cylch neu ddisg yn yr awyr, ar ddiwrnod clir am 10.53 y bore.

Amcangyfrifodd yr Awyr-Lefftenant John Kilburn fod y gwrthrych yn hedfan ar tua 10,000 troedfedd o uchder ac yn dilyn yr awyren tua phum milltir o'i hôl. Ac er ei fod yn hedfan i'r un cyfeiriad, roedd hi'n ymddangos ei fod yn teithio'n arafach na'r awyren. Gwaeddodd Kilburn, *What the hell's that?* A throdd pawb i edrych. Ar y dechrau roedd Kilburn yn credu bod cloriau injan y *Meteor* wedi disgyn yn rhydd, yna tybiodd ei fod yn gweld parasiwt. Ond wrth i'r criw wylio, arafodd y ddisg cyn gostwng yn yr awyr a dechrau siglo fel pendil cloc neu ddeilen yn disgyn. Meddai Kilburn: *As the Meteor turned to start its landing run, the object appeared to be following it. But after a few seconds it stopped its descent and hung in the air rotating as if on its own axis. Then it accelerated at an incredible speed to the west, turned south-east and then disappeared. We are all convinced that it was some solid object.*

Ni allai fod yn glawr injan wedi disgyn yn rhydd; ni allai fod yn gylch mwg nac yn anwedd awyren *Meteor*. Yn bendant, nid balŵn tywydd a welsant. Roedd, yn sicr, yn rhywbeth na welodd y criw erioed o'r blaen, meddai Kilburn.

Mae'r rhestr ddosbarthiadau a gynhwysir yn y ddogfen uchod yn dangos i gopïau gael eu hanfon at Uwch-Gomander *Air/East Atlantic* (canolfan reoli *NATO*); yr Ysgrifennydd Awyr; Pennaeth y Staff Awyr (Cudd-wybodaeth); Dirprwy Bennaeth y Staff Awyr (Gweithrediadau) yn ogystal ag i'r Adran Gudd-Wybodaeth Wyddonol. Cyhoeddwyd adroddiad o'r hanes yn y *Sunday Dispatch* ar 21 Medi 1952. Ac wythnos yn ddiweddarach cyhoeddwyd erthygl bellach yn honni bod yr *RAF* wedi bod yn astudio'r ffenomenon yn gyfrinachol ers 1947. Honnwyd mai biwro o'r enw y *Deputy Directorate of Intelligence (Technical) Branch* (neu *DDI Tech*) oedd yn gwneud y gwaith, o'i ganolfan mewn cyn-westy nid nepell o Whitehall, adeilad a warchodid yn glòs iawn.

Ychwanegwyd fod cynrychiolwyr o'r Weinyddiaeth Awyr wedi dweud wrth newyddiadurwyr y papur fod ymchwiliad manwl i'r digwyddiad yn parhau, fel ag y gwnaed yn arferol yn dilyn pob adroddiad ar soseri hedegog. A phan ddeuai'r ymchwiliad i ben, byddai'r Weinyddiaeth yn hysbysu'r wasg am y canlyniad. Un wythnos ar ddeg yn ddiweddarach, cysylltodd y newyddiadurwr â'r Weinyddiaeth unwaith eto. Dywedwyd wrtho fod yr ymchwiliad wedi'i gau ac nad oedd esboniad ganddynt am yr hyn a welwyd.

Efallai ei bod yn werth nodi yma fod ymchwilydd, Ronald Russel, wedi cyfarfod â swyddog o'r *DDI (Tech)* yn 1954. Mae'n debyg i'r swyddog hwnnw ddatgelu wrtho fod gan yr adran 15,000 o adroddiadau ar ffeil yn dyddio o 1947 hyd 1954. Aeth ymlaen i ddweud fod y ffeiliau hyn yn cael eu cadw o dan amodau diogelwch llym iawn. Does dim sôn i'r Weinyddiaeth grybwyll y trefniant hwn wrth Mr Churchill.

Mae yna lu o hanesion o gyfnod y 50au yn disgrifio pobl yn gweld *UFOs*. Yn anffodus nid oes dogfennau ar eu cyfer wedi dod i'r golwg hyd yma. Ond hwyrach bod pigion y goreuon i'w cael mewn hunangofiant a gyhoeddwyd yn 1997, *Sounds From Another Room* gan Syr Peter Horsley, cyn-Farsial Awyr yn yr

RAF. Mae ganddo bennod gyfan yn sôn am ei brofiadau yn ystod ei yrfa yn ymchwilio i *UFOs*, pwnc a gâi ei ystyried yn ddifrifol iawn yn y cyfnod yma gan yr *RAF*.

O edrych ar gefndir Syr Peter, deuwn i sylweddoli nad cranc mo'r awdur (er i swyddog yn Adran Cysylltiadau Cyhoeddus yr *RAF* ebychu pan ymddangosodd y gyfrol, *Oh God! Now people will realise that the man in charge of Strike Command was seeing little green men!*). Dechreuodd Horsley ei yrfa ar gychwyn yr Ail Ryfel Byd yn 1939, fel peilot. Saethwyd ei awyren *Mosquito* i lawr oddi ar arfordir Cherbourg gyda'r nos ar 23 Mehefin 1944 ac wedi treulio tridiau yn y môr mewn storm erchyll, roedd yn ffodus ei fod yn dal yn fyw.

Wedi'r rhyfel dringodd i fod yn bennaeth maes awyr gyda'r *RAF* ac yn 1948 fe'i penodwyd yn Wastrawd i'r Dywysoges Elizabeth a'i gŵr, Dug Caeredin. Parhaodd yn Wastrawd iddynt wedi'r coroni. Gadawodd Balas Buckingham yn 1955 gan ailgydio yn ei yrfa gyda'r *RAF*. Bu, yn ei dro, yn Grŵp-Gapten, yn Ddirprwy Gomandant y Sefydliad Cyd-Ryfela, yn Ddirprwy Bennaeth Staff ac yn Ddirprwy Brif Gomander *Strike Command*. Yn y swydd hon, roedd yn beilot yn ogystal â bod yn bennaeth ar awyrennau bomio niwclear Prydain. Hedfanai awyrennau *Valiant, Victor* a *Vulcan*, sef y *V Bombers*. Ymhen amser daeth yn Farsial Awyr a gadawodd y Llu Awyr yn 1975.

Mae'r hanesion a adroddwyd ganddo yn arbennig, efallai, am eu bod yn dystiolaeth o ymchwiliadau swyddogol i ffenomenon *UFOs*, er nad oes cofnodion swyddogol yn bodoli heddiw, yn ôl y Weinyddiaeth Amddiffyn. Datblygodd diddordeb Horsley yn y pwnc wrth iddo ddarllen erthyglau papur newydd. Er mai ymchwilio ar lefel bersonol a wnâi, defnyddiodd ei gysylltiadau uchel o fewn rhengoedd yr *RAF* i gael mynediad at adroddiadau gan beilotiaid drwy'r Marsial Awyr ei hun, Syr Thomas Pike, Prif Swyddog Rheoli *Fighter Command*. Gofynnodd am ganiatâd y Tywysog Philip i gynnal ei ymchwiliadau personol, ac fe'i cafodd, ar yr amod na fyddai'n defnyddio enw hwnnw yn ei ymchwiliadau nac yn ei ddefnyddio er cyhoeddusrwydd. Ond mynnai'r Dug adroddiad ysgrifenedig llawn am unrhyw ymchwiliad.

Rhaid cofio fod y 50au yn gyfnod y Rhyfel Oer, a Syr Thomas Pike oedd yn gyfrifol am ddiogelwch yr awyr uwchben ac o gwmpas Ynysoedd Prydain. Yn aml, byddai awyrennau bomio'r Sofiet yn hedfan yn rheolaidd hyd at ffiniau awyr Prydain i brofi'r systemau amddiffyn. Felly, roedd swyddogion yr *RAF* yn y cyfnod hwn yn wyliadwrus iawn o unrhyw fygythiad posibl a ymddangosai ar eu systemau radar. Roedden nhw'n ymchwilio i bob targed dieithr oedd yn ymddangos yn yr awyr.

Danfonid yr asesiadau hyn at *Fighter Command* yn y lle cyntaf i benderfynu a oedd y targed yn debygol o fod yn fygythiad ac yn cyfiawnhau lansio awyrennau amddiffyn. Er mai digwyddiadau esboniadwy oedd yn gyfrifol am fwyafrif yr adroddiadau, roedd pump y cant o'r gwelediadau a gofnodwyd yn anesboniadwy ac, yn aml, yn ddramatig.

Ar 3 Tachwedd 1953, tra oeddent yn hedfan ar uchder o 20,000 troedfedd yn eu hawyren ymosod liw nos, y *Vampire*, roedd y peilot, T S Johnson, a'i lywiwr, G Smythe, ar gyrch rhagchwilio golau-dydd allan o RAF West Malling yn adran Llundain a'r Metropolitan. Roedd hon yn adran brysur iawn gan fod cynifer o awyrennau sifil yn hedfan i mewn ac allan o Lundain. Mae'n werth cofio hyn, gan ei fod yn golygu bod y criwiau *RAF* yn yr adran hon yn gyfarwydd â gweld ac adnabod pob math o awyrennau, yn ogystal â gwybod am eu cyflymdra.

Tynnodd Johnson sylw Smythe at rywbeth disglair o'u blaenau. Cytunodd y ddau mai seren ddydd oedd yno. Ond symudodd y golau siâp cylch, ar gyflymdra uchel.

Ceisiwyd dweud mai dau falŵn tywydd arbrofol oedd yno. Ond yn ôl Johnson a Smythe, roedd y gwrthrych yn teithio dros 1,000 milltir yr awr. Cafodd Horsley ar ddeall yn nes ymlaen fod y gwrthrych wedi cael ei ddilyn ar radar milwrol ar uchder o 63,000 troedfedd, lle safodd yn ei unfan am ychydig cyn symud i ffwrdd yn gyflym. Clywodd hefyd fod safle radar newydd y Sefydliad Radar Brenhinol ym Malvern wedi dilyn nifer o dargedau yn teithio'n gyflym iawn i fyny at uchder o 65,000 troedfedd.

Bu hefyd yn holi'r Capten James Howard, peilot gyda *BOAC* (British Airways bellach) a fu'n dyst i sawl *UFO* tra oedd yn hedfan o Efrog Newydd i Lundain ar 29 Mehefin 1954. Roedd y criw a rhai o'r teithwyr wedi'u gweld hefyd, yn gyntaf tua 150 milltir cyn cyrraedd Gander. Hedfanent mewn ffurfiant ar ochr starbord yr awyren gan newid eu safleoedd o fewn y ffurfiant yn rheolaidd. Roedd un gwrthrych mawr a chwech o rai llai, ar siâp peli. Newidiai'r un mawr ei siâp fel y gwna haid o wenyn. Clywodd y capten gan ganolfan Gander fod yr Americanwyr wedi danfon dwy awyren i ymchwilio i'r hyn a welsant.

Diflannodd yr *UFOs*. Doedd gan Howard ddim esboniad am yr hyn a welodd ond credai eu bod yn rhy gyflym i fod yn awyrennau newydd Sofietaidd.

Mae casgliad dogfennau Horsley yn cynnwys un gan ddau beilot o Ysgol Hyfforddi Ganolog yr *RAF* yn Little Rissington. Roedd hyfforddwr a'i ddisgybl yn hedfan awyren *Meteor Mk VII* pan welodd y disgybl wrthrych siâp cylch o'u blaenau gryn bellter i ffwrdd. Gan feddwl ei fod yn gweld pethau oherwydd diffyg ocsigen, rhoddodd reolaeth yr awyren yn nwylo'r hyfforddwr, ond cadarnhaodd hwnnw ei fod yn gweld yr un peth. Wedi cysylltu â'r rheolwyr traffig awyr, cawsant gadarnhad fod y gwrthrych yn ymddangos ar setiau radar ar y llawr. Gorchmynnwyd y peilot i lywio'n nes at y gwrthrych.

Ar gyflymdra o *Mach 0.8*, caewyd y bwlch rhwng y ddau. Yna, yn sydyn, trodd y gwrthrych ar ei ochr gan ymddangos ar siâp plât, yn ôl y peilot, cyn dringo o'r golwg ar gyflymdra anhygoel.

Yn y cyfamser roedd sector radar deheuol *Fighter Command* wedi hysbysu *Sector Operations* fod awyren anhysbys wedi teithio drwy'r adran; doedd dim byd anarferol yn hyn ynddo'i hun, gan fod hyd yn oed awyrennau sifil yn medru crwydro, ond yng nghyfnod y Rhyfel Oer, rhaid oedd ystyried pob targed dieithr yn un gelyniaethus nes gallu profi'r gwrthwyneb. Danfonwyd dwy awyren a oedd ar ddyletswydd *QRA (Quick Reaction Alert)* o RAF Tangmere i ymchwilio.

Ar y sgrîn radar, fel roedd hyn i gyd yn digwydd, gwelwyd y *Meteor* yn cau'r bwlch rhyngddi a'r gwrthrych, ond hwnnw'n dringo'n sydyn ar gyflymdra o dros 1,000 milltir yr awr. Rhaid cofio nad oedd y gwahanfur sŵn wedi'i dorri bryd hyn, a byddai'n rhaid disgwyl am ddegawd arall am awyren a allai deithio'n ddigon cyflym i wneud hynny. Hyd yn oed heddiw, cyflymdra arferol awyrennau yw tua 550 milltir yr awr i awyrennau sifil a thua 600 i rai milwrol – is-sonig, wrth gwrs.

Yn anffodus, diflannodd y blip anhysbys wrth iddo gael ei foddi gan adleisiau o wrthrychau ar y ddaear, coed, tai ac ati. Ni welwyd y gwrthrych o gwbl gan yr awyrennau o RAF Tangmere.

Ar 11 Gorffennaf 1954 cyhoeddwyd erthygl a ystyriwyd yn rhyfeddol yn ei thriniaeth o'r ffenomenon. Yr awdur oedd neb llai na'r Prif Farsial Awyr, Arglwydd Dowding, a oedd hefyd yn bennaeth adran *Fighter Command* yn ystod Brwydr Prydain yn 1940. Mae'r sylwadau a cyhoeddodd yn awgrymu i Dowding dderbyn gwybodaeth am y ffenomenon o ffynhonnell gyfrinachol a'i fod yn teimlo'n ddigon hyderus i wneud datganiad a allai ddinistrio'i hygrededd cyhoeddus a'i droi'n gyff gwawd.

Mynnodd fod dros 10,000 o adroddiadau wedi'u derbyn, y mwyafrif ohonynt heb unrhyw esboniad gwyddonol. Beiwyd rhithwelediadau am rai, effaith plygiant golau am eraill ynghyd â gwibfeini, olwynion yn disgyn oddi ar awyrennau, balwnau ac ati. Eto, meddai, roedd rhai wedi'u tracio ar setiau radar yn teithio ar gymaint â 9,000 milltir yr awr. Teimlai yn argyhoeddedig fod y gwrthrychau hyn yn ffenomena go iawn, heb eu creu gan unrhyw un ar y blaned hon. Felly, meddai, ni allai weld unrhyw ddewis ond derbyn y ddamcaniaeth eu bod yn tarddu o ryw fyd arall.

Cyn gadael Prydain y 50au, rhaid sôn am y digwyddiad mwyaf i'w gofnodi ers diwedd yr Ail Ryfel Byd, a hynny ar noson 13/14 Awst 1956. Traciwyd o leiaf un gwrthrych anhysbys gan dair gorsaf radar *RAF/USAF*, o fewn rhwydwaith Amddiffyn Awyr Dwyrain Anglia, sef Bentwaters a Lakenheath yn Swydd Suffolk, a phencadlys yr ardal, Neatishead yn Swydd Norfolk. Cofnodwyd y digwyddiadau gan un a oedd yn Neatishead ar y noson dan sylw, Mr F H C Wimbledon, yr uwch-reolydd ar ddyletswydd yn y brif orsaf radar.

'Cofiaf yr Americanwyr yn ffonio o Lakenheath i ddweud fod rhywbeth yn ymyrryd â'r coridor hedfan o amgylch y maes awyr,' meddai. 'Gorchmynnais awyren ymosod liw nos, y *Venom*, i godi ac yna'i llywio i'r sector dan sylw fel y gallai'r rheolwr yn y caban gymryd y cyfrifoldeb. Roedd pedwar aelod i'r tîm, y rheolwr (swyddog), Corporal, traciwr a darllenydd uchder. Hynny yw, roedd pedwar aelod staff o safon uchel iawn, yn ogystal â minnau, yn medru gweld y gwrthrych yn hollol glir ar y sgrîn radar o'n blaenau.'

Galwodd peilot y Venom i gadarnhau ei fod wedi derbyn delweddau o'r targed ar ei sgrîn radar. Ond, wedi i'r setiau radar ar y llawr ysgubo ar draws y sgrîn ddwywaith, ymddangosodd y targed y tu ôl i'r Venom. Gan fod offer radar yr awyren wedi ei leoli yn ei thrwyn, collodd y peilot gysylltiad â'r targed, ac felly roedd yn ddibynnol ar gyfarwyddiadau o'r llawr.

Aeth Wimbledon yn ei flaen: 'Penderfynais sgramblo ail awyren *Venom* i gynorthwyo'r gyntaf, a rhoi gorchmynion i'r criw sut i gyrraedd y man priodol. Ond erbyn hynny roedd y gwrthrych wedi diflannu o'r tair sgrîn ac er i ni gadw llygad barcud amdano, ni welwyd ef eto.

'Swm a sylwedd hyn oedd fod naw aelod o griw radar *RAF* ynghyd â dau aelod o griw yr awyren gyntaf yn ymwybodol o wrthrych digon solet i adael ei ôl ar y system radar. Anfonwyd y wybodaeth yn ei blaen a daeth uwch-swyddog o'r Weinyddiaeth Awyr i Neatishead i holi pawb a fu'n rhan o'r ymarferiad.'

Oni bai fod yr Americanwyr yn rhan o'r digwyddiad hwn, efallai mai atgof pell yn unig fyddai erbyn hyn i'r rhai a gymerodd ran. Ond fe ddaeth yn wybodaeth gyhoeddus yn 1969 pan gyhoeddwyd Adroddiad Condon gan dîm o wyddonwyr yn America. Astudiaeth oedd hon a gomisiynwyd gan yr *USAF* i archwilio tystiolaeth am *UFOs* gan y Llu Awyr drwy brosiect *Blue Book*. Y gwyddonydd y Dr Edward Condon oedd pennaeth yr ymchwiliad. Ym Mhennod 16 yr adroddiad dywed y tîm: *This is the most puzzling and unusual case in the radar-visual files. The apparently rational, intelligent behavior of the UFO suggests a mechanical device of unknown origin as the most probable explanation.*

Mewn llythyr i *The Sunday Times*, datgelodd Wimbledon fod pencadlys *Fighter Command* wedi'i hysbysu'n llawn am y digwyddiad *and that the strictest secrecy was imposed*.

Ar 26 Ionawr 1972, roedd cyfarfod cyhoeddus am *UFOs* yn cael ei recordio ar gyfer y teledu yn Neuadd y Dref, Banbury. Pan ofynnwyd i Anthony Davies, cynrychiolydd y Weinyddiaeth Amddiffyn ar y panel, am y casgliad swyddogol ynghylch y digwyddiad, gwrthododd ymateb gan nad oedd yn bosibl iddo gynnig unrhyw sylwadau ar y mater. Roedd y dogfennau wedi'u dinistrio. Defnyddiwyd rhannau helaeth o'r cyfarfod yn y rhaglen orffenedig. Ond cafodd y cwestiwn a'r ateb dan sylw eu dileu gan dîm *Horizon* y BBC.

Mae datganiad Davies yn nodedig, yn ôl rhai, am fod cyn-Is-Ysgrifennydd y Wladwriaeth i'r Weinyddiaeth Amddiffyn Awyr, y diweddar Ralph Noyes, ynghyd â phersonél y Staff Awyr a swyddog o'r Swyddfa Feteorolegol wedi mynychu cyfarfod lle dangoswyd, ymhlith pethau eraill, amrywiaeth o glipiau ffilm yn dangos *UFOs* a ffenomena eraill. Dangoswyd ffilm wedi'i thynnu gan gamera gwn o'r gwrthrych a ddilynwyd uwchben *RAF* Bentwaters a Lakenheath yn 1965. Tynnwyd y ffilm gan beilot y *Venom* gyntaf a sgramblwyd i ymyrryd â'r gwrthrych anhysbys. Fel cyn-bennaeth y Secretariat Amddiffyn 8 (*DS8*) rhwng 1969-1972, ac felly rhywun a oedd yn ymwybodol iawn o bwysigrwydd y pwnc yn Whitehall, dywedodd Noyes:

'Mae'n syndod mawr i mi os dinistriwyd y dogfennau hyn. Mae yna bob arwydd bod y Weinyddiaeth Awyr, fel yr oedd pethau yr adeg honno, yn dangos diddordeb mawr, os nad anesmwythyd, ynglŷn â'r pwnc. Os dinistriwyd y dogfennau a'r ffilm, roedd hwn yn gam hollol amhriodol i'w gymryd. Does dim amheuaeth bod rhywbeth pwysig iawn wedi digwydd yn ardal Bentwaters/Lakenheath, hyd yn oed os mai dim ond camddehongliad rhyfeddol gan staff radar a pheilotiaid ydoedd, ac yn sicr dylid bod wedi sicrhau bod y ffeil yn cael ei chadw'n barhaol.'

Am y cyfarfod lle gwelodd y ffilm, dywedodd mai'r bwriad oedd: 'Cyfarwyddo yr ychydig ohonom oedd â diddordeb proffesiynol mewn materion o'r fath ynghylch yr esboniadau posibl dros y ffenomenon. Teimlad y drafodaeth a ddilynodd y ffilm oedd *efallai* fod yna ryw fath o ffenomenon meteorolegol aneglur. Roedd pob un o'r clipiau ffilm a welwyd braidd yn aneglur a'u hansawdd ddim yn arbennig o wych. Ond roedden nhw'n *bod*.'

Mae yna lawer o lygad-dystion credadwy yn honni iddynt fod naill ai wedi ffilmio neu wedi gweld ffilmiau o *UFOs* yn ystod eu gyrfa filwrol. Hyd yma, beth bynnag, nid oes un llun swyddogol, ffrâm lonydd na ffilm symudol, gan y Weinyddiaeth wedi cael gweld golau dydd yn gyhoeddus.

Ymddengys bod aelodau o'r Teulu Brenhinol yn dangos diddordeb mawr mewn adroddiadau ar wrthrychau rhyfedd. Mae'r Frenhines yn ymddiddori mewn patrymau cylchoedd cnydau sy'n ymddangos yn ddirgel dros nos mewn caeau ŷd ledled y byd, gyda rhai o'r patrymau harddaf a mwyaf cymhleth yn ymddangos yn Lloegr. Soniais eisoes am ddiddordeb y Tywysog Philip mewn *UFOs*, a thybed nad yw ei ddiddordeb yn mynd yn ôl i Chwefror 1955 pan laniodd soser hedegog ar dir Broadlands, stâd y diweddar Arglwydd Mountbatten.

Ymchwiliwyd i'r hanes gan Desmond Leslie ar y pryd, a

Soser hedegog fel y'i gwelwyd gan Kenneth Arnold.
Comisiynodd ef Ray Palmer yn 1952 i'w darlunio.
Nid yw'n debyg i'r syniad traddodiadol o UFO.

Llun 'swyddogol', prin o UFO. B-47 yw'r awyren, a gynlluniwyd i
gario arfau niwclear adeg y Rhyfel Oer.
Tynnwyd y llun yma ar gyfer cyhoeddusrwydd gan y gwneuthurwyr.
Wedyn y gwelwyd yr anghysonder.
(Gweler Pennod 3 am yr hanes yn llawn.)

Tynnwyd y llun hwn o soser droellog gan Daniel Fry yn Joshua Tree,
California, yn 1965. (Llun: Mary Evans Picture Library)

Dyluniad o Linda Napolitano o Manhattan yn cael ei chipio gan ymwelwyr. Gwelwyd y digwyddiad gan sawl un o bont Brooklyn, Efrog Newydd. Roedd dau o'r bobl a gynigiodd dystiolaeth yn warchodwyr personol i bennaeth y Cenhedloedd Unedig ar y pryd, Xavier Perez-de-Cuellar.

Argraff o'r UFO uwchben Manhattan.

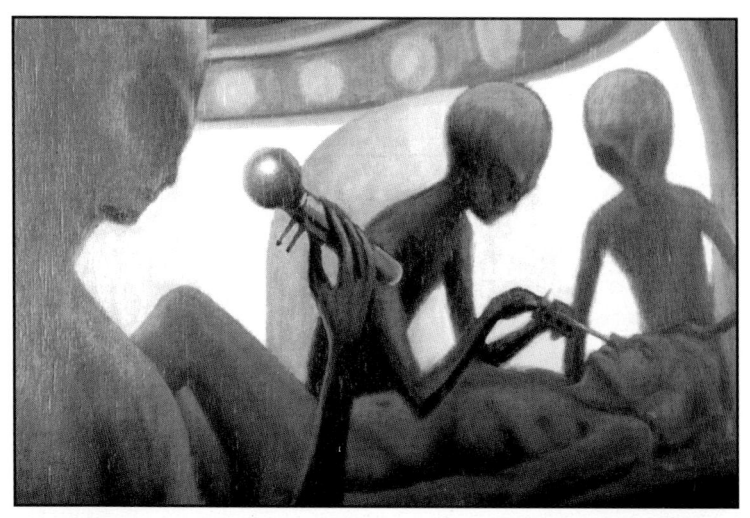

Argrafff o'r archwiliad meddygol a adroddir yn gyffredinol gan y rhai a gipiwyd.

Darlun o weledigaeth Eseciel a adroddir yn yr Hen Destament. Sylwch ar ddadansoddiad yr artist o'r olwyn o fewn olwyn.

Pyramidiau Giza o'r awyr.

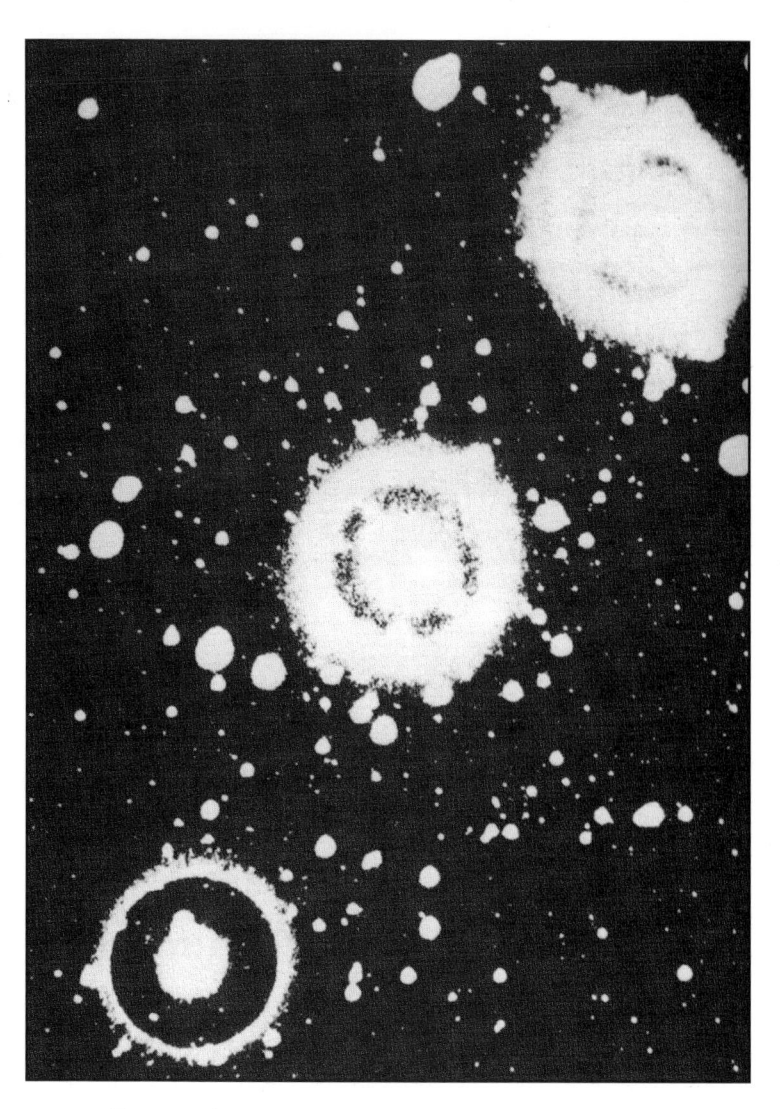

Patrwm sêr gwregys Orion, sydd yn cyfateb i batrwm
Pyramidiau Giza.

Hwn yw'r unig ffotograff o'r UFO siâp triongl a dynnwyd yn ystod y 'fflap' yng ngwlad Belg, 1989.

'BLACK GLOBES.' Darlun a wnaethpwyd i ddisgrifio sfferau anarferol a ymddangosodd yn yr awyr uwch Basel, y Swistir, yn 1566.

Os mai dychymyg sydd ar fai am yr hyn a welwyd gan rai pobol, nid yw hynny'n eu hatal rhag talu artistiaid i ail-greu yr hyn a welsant. Gwelir enghreifftiau yma o a) Penparc.

b) Yr Unol Daleithiau

c) Mecsico

Dyluniad o'r hyn a welwyd gan yr awdur a'i deulu o ddrws ffrynt eu cartref ym mis Mai, 1996. Mae'r crafft yn hofran yn ddistaw uwchben yr obelisc ar ben Mynydd Talymignedd, Dyffryn Nantlle. Seiliwyd y darlun ar sgets manwl a wnaethpwyd ar y pryd gan yr awdur.

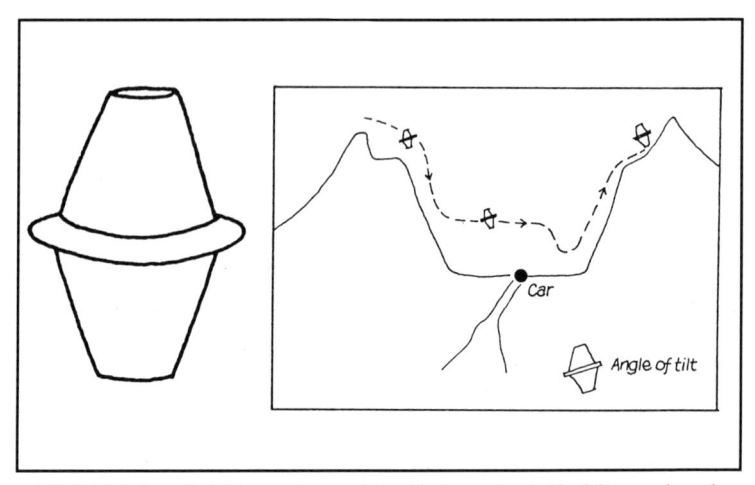

UFO 'fel dwy het Gymreig wedi'u rifetio gyda'i gilydd' a welwyd uwchben yr Wyddfa, Chwefror 1978.

Sgetsys plant Ysgol Gynradd Broadhaven, Penfro,
o'r hyn a welsant yn 1977.

Y merched gyda'u hathrawes, Mrs Mair Williams (ar y dde), o Ysgol Gynradd Rhos-y-bol, Ynys Môn, a welodd UFO yn teithio drwy awyr glir i gyfeiriad Porth Llechog.

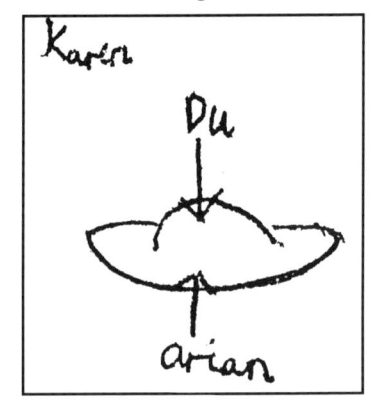

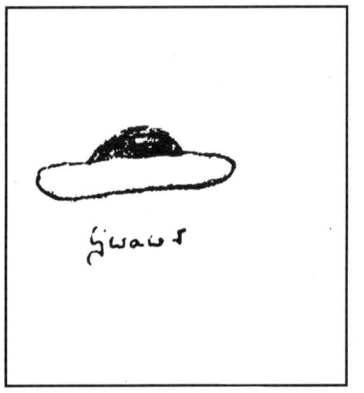

UFO is new school project

A MYSTERY object in the sky high above Anglesey may be the subject of a new project for the children of Rhosybol Primary School. The object was seen this week by nine young girls and their teacher, Mrs Mair Williams, as they were playing netball in the school playground.

First to spot the UFO was ten-year-old Gwawr Jones, of Rhosybol, who said yesterday: "I am sure it was a UFO. It had a black dome on top and was shaped like a silver cigar on the bottom. I was a bit frightened and I shouted to the others who also saw it."

Said Mrs Williams: "We were playing netball when Gwawr suddenly shouted and pointed to the sky. We all looked up and we saw this object flying towards Bull Bay. It was a really bright afternoon and it was flying very high in the sky. Then it disappeared behind the only cloud.

I immediately took the girls back into the school, separated them and gave them all a piece of paper to draw what they had seen. It was really astonishing that their drawings were all alike. I have never believed in these things until I saw this object. It was definitely not an aircraft and it could not have been a weather balloon as it was travelling so fast. It was in our sight for a matter of minutes."

Headmaster Mr Richard Griffiths commented: "All the girls were amazed when they saw it. I didn't see the thing myself but all the children in the school are so enthusiastic that I am thinking about organising a project about the incident."

The mystery of the object in the sky

Evening Standard Air Reporter

The mystery of an unidentified object picked up by a Royal Air Force radar screen at West Freugh, Scotland, on Thursday, deepened today.

Was it a weather balloon or was it something else?

An Air Ministry spokesman said today: "We are still investigating the reports. There is no further evidence yet."

Yesterday the Air Ministry had no doubt about it. An official said then that they had checked with the radar station, and that the object was a weather balloon, which had been sent up from Aldergrove airfield, Northern Ireland.

Telephone report

Northern Ireland is only 25 miles across the North Channel from West Freugh. RAF intelligence officers who deal with reports of unidentified objects have received a telephoned report from Wing Commander W. Whitworth, commanding officer of the West Freugh station.

He is sending a full written report to the Air Ministry.

'Very high'

Radar stations (Britain's watch against any surprise attack) are constantly manned. Other radar sets are used in air traffic control and not on all the time. Objects which cannot be identified are reported to the Ministry.

It is understood that the West Freugh object was sighted at a great height

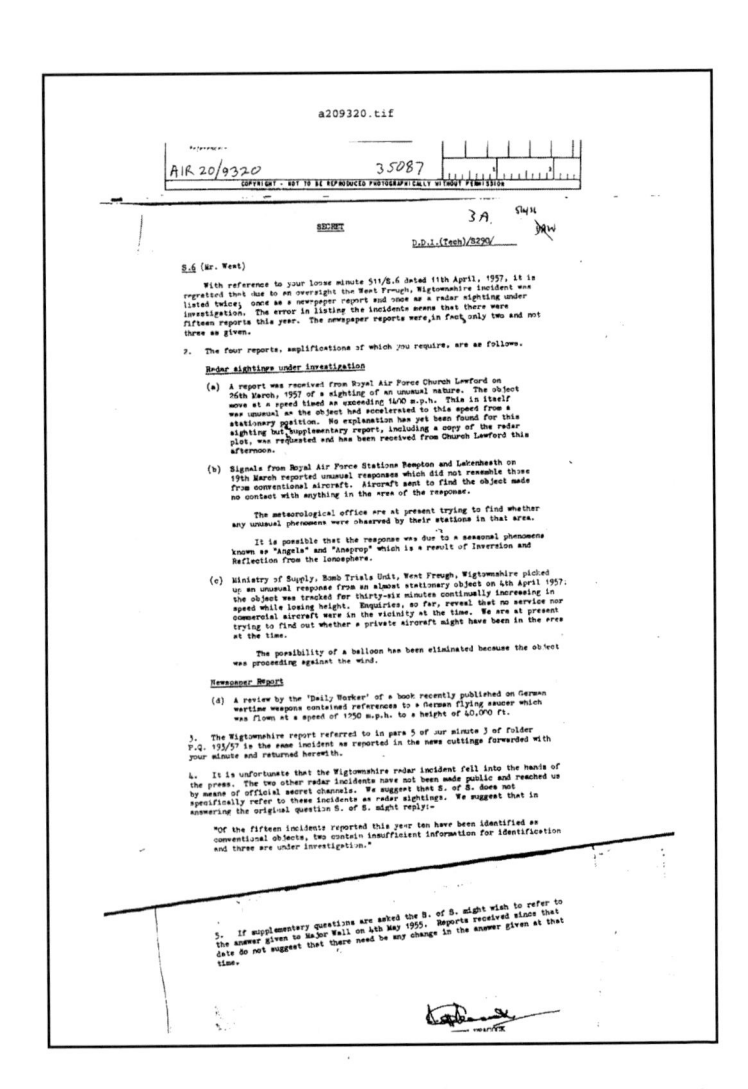

Ymateb cyfrinachol sy'n gwrthbrofi'r erthygl yn y wasg yn 1957. Yr ateb swyddogol ar y pryd oedd mai balŵn a welwyd uwch West Freugh, ond mae'r ddogfen hon yn profi yn ôl rhai nad yw'r Weinyddiaeth yn dweud y gwir i gyd bob amser..

chyhoeddwyd ffrwyth yr ymchwil beth amser wedi llofruddiaeth Mountbatten gan yr *IRA* yn 1979. Cyhoeddwyd yr erthygl yn y cylchgrawn *Flying Saucer Review*, cyhoeddiad misol i aelodau *BUFORA*, y *British UFO Research Association*, a ddosbarthwyd i aelodau gyntaf yn 1954 ac sy'n dal i gael ei gyhoeddi hyd heddiw. Ymchwiliwyd y digwyddiad yn fanylach gan yr ymchwilydd blaenllaw Timothy Good.

Gwelwyd y gwrthrych gan Frederick Briggs, adeiladydd a gyflogid gan stâd Broadlands, wrth iddo seiclo i'w waith un bore. Wedi iddo gyrraedd ei waith, sylwodd y lleill ei fod yn ansad ar ei draed. Ac ar ôl clywed ei esboniad am hyn, cymerodd Mountbatten ddatganiad ganddo wedi'i arwyddo, yng nghwmni tyst, Ronald Heath, trydanwr.

Ar fore 23 Chwefror, ychydig wedi 8.30 y bore, gwelodd Briggs rywbeth yn hofran yn ei unfan uwchlaw cae oedd rhwng gwaelod y gerddi a'r lôn. Roedd y tywydd yn gymylog ond sych ac ychydig o eira ysgafn ar y ddaear. Disgrifiodd y gwrthrych fel rhywbeth *shaped like a child's humming top*, tua 20–30 troedfedd mewn diamedr o liw alwminiwm pŵl a'i hatgoffai o liw sosban. O amgylch ei ganol roedd ffenestri bychain crwn fel y rhai a geid mewn llongau.

Seiclodd Briggs oddi ar y lôn ac ar draws y borfa nes cyrraedd o fewn canllath i'r gwrthrych. Gwelodd rywbeth tebyg i ddyn yn disgyn o'r llong ofod oddi mewn i golofn, fel petai'n cael ei ostwng ar fath ar blatfform. Gwisgai oferôls tywyll a chap neu helmed ar ei ben.

Wrth iddo sefyll yno, gwelodd Briggs olau glas rhyfedd yn ymddangos drwy un o'r ffenestri. Wrth i'r golau gryfhau, disgynnodd Briggs i'r eira ar lawr fel petai wedi'i wthio, gyda'r beic ar ei ben. Ni chafodd ei anafu ond methai'n lân â chodi. Teimlai fod rhyw nerth anweledig yn ei ddal ar lawr.

Tra oedd yn brwydro i godi, sylwodd fod y golofn yn esgyn yn ôl i grombil y soser, cyn i honno godi mewn llinell syth i'r awyr a diflannu'n gyflymach na'r awyren jet gyflymaf iddo ei gweld erioed. Yna, ychydig wedi i'r soser godi, canfu Briggs ei fod yn medru symud, a chododd braidd yn ansicr ar ei draed.

I felt rather dizzy, as though I had received a near knockout blow on the chin, but of course, there was no physical hurt of any sort, meddai.

Cyn iddo gofnodi stori Briggs ar bapur, mewn dogfen sydd yng ngofal Ymddiriedolwyr Archifau Broadlands, aeth Mountbatten i'r fan i edrych am unrhyw dystiolaeth a allai gadarnhau'r stori. Gwelai olion olwynion y beic a'r man lle disgynnodd Briggs, ond er chwilio'n fanwl, doedd dim olion eraill. Ysgrifennodd: *Mr Briggs was still dazed when first I saw him, and was worried that no-one would believe his story. Indeed, he made a point of saying that he had never believed in Flying Saucer stories before and had been absolutely amazed at what he had seen. I am sure from the sincere way he gave his account that he himself is completely convinced of the truth of his own statement.*

Mae'n drueni na wyddom a drosglwyddodd Mountbatten gopi o'r adroddiad i'r Weinyddiaeth Awyr. Buasai wedi bod yn ddifyr gweld a fyddai wedi goroesi dinistr y cofnodion cyn 1962.

Rwy'n cynnwys y stori nesaf, er nad yw'n stori o wledydd Prydain, am fod yna lun swyddogol yn cyd-fynd â hi. Mae'n wir dweud fod tystiolaeth ffotograffig o *UFO* yn medru bod yn ddadleuol; mae tueddiad i'r awdurdodau eu diystyru heb gynnal unrhyw ymchwil i'r lluniau dan sylw. Yn yr achos hwn, beth bynnag, crëwyd embaras mawr i swyddogion yr *USAF* ym mis Medi 1957 wedi i'w peilotiaid nhw eu hunain dynnu llun mewn golau dydd o wrthrych anhysbys a oedd, yn ôl pob tebyg, yn dilyn awyren newydd y *B57*.

Roedd Cwmni Awyrennau Martin (Lockheed Martin bellach, sy'n adnabyddus drwy'r byd am eu hawyrennau ysbïo *U2* a'r *C130 Hercules*), wedi gwahodd yr *USAF* i dynnu lluniau er mwyn hyrwyddo'r awyren newydd, adeg prawf hedfan uwchben Maes Awyr Edwards. Heb i'r *USAF* sylwi'n fanwl ar y llun, cafodd ei ryddhau i'r wasg. Cyn bo hir roedd y Llu Awyr a Chwmni Awyrennau Martin ynghanol dadl ffyrnig. Sylwodd yr ymchwilydd Robert Schmitt fod yna rywbeth dieithr i'w weld yng nghornel de uchaf y llun, rai milltiroedd y tu ôl i'r *B57*.

Dim byd i boeni amdano, meddai'r awdurdodau, dim byd mwy na marc a ymddangosodd wrth ddatblygu'r negatif. Ond wedi astudiaeth fanwl profwyd fod y marc yn rhan o'r llun yn hytrach na bod yn nam ar yr emylsiwn neu'r negatif. Datgelwyd flynyddoedd yn ddiweddarach fod Maes Awyr Edwards wedi tracio rhywbeth anarferol ar radar adeg y prawf gwreiddiol ar yr awyren. A'r esboniad swyddogol hyd heddiw yw – anhysbys.

O'r hanesion hyn, mae'n bosibl gweld, drwy atgofion llygad-dystion credadwy, a thrwy gyfrwng lluniau a dynnwyd gan bobl broffesiynol, nad rhithwelediad yw'r ffenomenon bob tro. Yn yr un modd mae setiau radar yn cadarnhau fod gwrthrychau anhysbys wedi croesi'r awyr a bod asiantaethau cudd-wybodaeth wedi eu hastudio. Pam felly penderfynu dinistrio cofnodion a thystiolaeth ffilm y llywodraeth yn 1962? Gan fod dogfennau sy'n dyddio o'r cyfnod cyn hyn yn dod i'r fei o dro i dro yn yr Archifdy Gwladol, hwyrach y dylid gofyn a oes yna lawer mwy ohonynt yn bodoli rywle arall?

Rhaid nodi, o ran tegwch i'r Weinyddiaeth Amddiffyn, mai'r esboniad swyddogol yw bod sawl system o ffeilio yn bodoli cyn 1962 a bod hyn wedi arwain at gam-ffeilio a chamgymeriadau clerigol. Rhaid cyfaddef fy mod yn ei chael hi'n eithaf hawdd credu hyn wedi i mi flasu biwrocratiaeth y Llywodraeth ar sawl achlysur ers 1996.

Yn y degawd pan gychwynnodd rhaglen *Apollo* gan *NASA* yn yr UDA, sef y 60au, tybed na chafodd dychymyg dynoliaeth ei ymestyn, diolch i freuddwydion *NASA*, gan sbarduno mwy a mwy o bobl i syllu i'r awyr yn y gobaith o weld llongau gofod yn hedfan uwchlaw'r ddaear. Erbyn hynny, wrth gwrs, roedd gan nifer o wledydd loerennau ysbïo yn gwibio drwy'r nen ac mae'n siŵr fod sawl un wedi ei chamgymryd am *UFO*, fel sy'n dal i ddigwydd heddiw.

Un lle i holi am symudiadau lloerennau yw Arsyllfa

Frenhinol Greenwich (*RGO*), lle mae astronomegwyr proffesiynol, ymhlith eraill, ar gael fel arfer i ateb cwestiynau gan y cyhoedd. Mae gen i enghraifft dda o hyn. Am 6.30 ar nos Sadwrn, 21 Hydref 2000, roeddwn yn cyrraedd adre ar ôl bod ym Mhenygroes i brynu tocyn loteri yng nghwmni fy mab hynaf, Dafydd. Wrth gyrraedd drws y ffrynt, tynnodd Dafydd fy sylw at ddau olau gwyn oedd i'w gweld yn amlwg yn yr awyr glir uwchben. Roedd yr haul wedi diflannu dros y gorwel tua deng munud ynghynt. Doedd dim gwynt, dim hyd yn oed awel. Wrth i mi sylwi ar y goleuadau yn pasio ar hyd Dyffryn Nantlle i'r dwyrain tuag at yr Wyddfa, fy ymateb cyntaf oedd mai lloerennau oeddynt.

Wrth edrych o gwmpas medrwn gadarnhau nad oedd hi'n ddigon tywyll i weld unrhyw sêr yn yr awyr, er bod y blaned Gwener i'w gweld yn sgleinio'n glir ac yn isel uwchben mynydd yr Eifl i'r de. Gan fy mod, o bryd i'w gilydd, yn defnyddio telesgôp rwyf yn gyfarwydd â gweld gwibfeini a lloerennau uwchben. Ond doeddwn i ddim erioed wedi gweld dwy loeren yn hedfan mewn ffurfiant agos o'r blaen, y naill ychydig o flaen y llall ac i'r dde ohoni.

Wrth i Dafydd a minnau wylio, diflannodd y ddau olau yn union fel petai rhywun wedi defnyddio swits pylu. Roeddwn i wedi sylwi ar rywbeth tebyg o'r blaen – dyna'r effaith a geir wrth i'r haul 'fachlud' ar loerennau wrth i'w hwynebau adlewyrchol gilio o gyrraedd ei belydrau.

Ffoniais yr *RGO* y bore Llun canlynol a chefais wybod gan astronomegydd fod sawl ymholiad wedi ei wneud i'r digwyddiad. Yr hyn a welwyd, meddai, oedd yr *STS92*, sef y Wennol Ofod *Discovery* yn gadael yr Orsaf Ofod Ryngwladol newydd ar ôl taith i adeiladu estyniad iddi cyn i'r criw gyrraedd y labordy newydd ym mis Tachwedd 2000. (Gyda llaw, fe barodd yr ymarferiad hwn am 12 diwrnod a theithiodd y criw gyfanswm o 5.3 miliwn o filltiroedd!)

Gan fod lloerennau yn cael eu camgymryd fel hyn yn aml, gofynnais i'r astronomegydd sawl un oedd yn amgylchynu'r blaned ar y pryd ac, yn ychwanegol, sawl darn o sgrap dynol oedd yno hefyd. Er nad oedd yr ystadegau diweddaraf ganddo ar flaenau ei fysedd dywedodd fod y ffigwr yn uwch nag 20,000 o loerennau. Er mwyn ateb yr ail gwestiwn byddai angen lluosi hyn ag ugain.

Yn ôl fy symiau i, felly, mae yna o leiaf 400,000 o wrthrychau yn amgylchynu'r ddaear. Mae'n rhaid fod llawer o'r rhain yn gyfrifol am nifer sylweddol o adroddiadau. Mae yna gymaint o adroddiadau mewn llyfrau a chylchgronau Saesneg – rhai gan grancs sy'n gwbl anghredadwy, ac eraill gan ymchwilwyr profiadol sydd â thystiolaeth gadarn i gefnogi'u gwaith – fel y byddai'n amhosib i mi gynnwys yma unrhyw beth a fyddai'n mynd yn ddyfnach na chrafu'r wyneb. Felly, cyflwynaf rai o'r digwyddiadau pwysicaf yn unig o'r 60au hyd at heddiw.

Os nad oedd llawer wedi clywed am *UFOs* yn y 50au, fe fyddai'r 60au yn sicrhau bod y pwnc yn cael sylw blaenllaw. Yn gynnar ar fore Nadolig 1964, cafodd postfeistr tref Warminster, Wiltshire, ei ddeffro gan grwnian rhyfedd. Yna clywodd sŵn rhuglo bygythiol fel petai'r llechi'n cael eu rhwygo oddi ar y to. Roedd y *Warminster Thing* wedi cyrraedd.

Bythefnos yn ddiweddarach, profodd ei gymdogion, Mr a Mrs Bill Marson, rywbeth tebyg wrth iddynt gael eu dihuno deirgwaith mewn un noson gan dwrw 'yn swnio'r un fath â llwyth o lo yn cael ei wagio y tu allan i wal y tŷ'.

Deffrodd y twrw gymydog arall hefyd, Mrs Rachel Attwell, a oedd yn briod â pheilot *RAF*. Edrychodd allan drwy ffenestr y llofft a gweld rhywbeth ar siâp sigâr enfawr yn hongian yn yr awyr, yn fwy o ran maint a disgleirdeb na golau unrhyw seren. Gwelodd Mrs Kathleen Penton y gwrthrych hefyd a'i ddisgrifio fel cerbyd rheilffordd â'i wyneb i waered a chyda'r ffenestri i gyd yn olau.

Wrth i'r papurau newydd gyhoeddi'r adroddiadau daeth mwy o hanesion i'r golwg, hanesion a wnaeth yn eu tro hawlio sylw'r papurau tabloid gyda phenawdau dyfeisgar fel **FLYING SAUCERS STOLE MY WIFE, SPACE ALIENS ATE MY CAT** a

JESUS CHRIST WAS AN ALIEN yn cyrraedd pob rhan o Brydain.

Yn yr un ardal, fin nos ar 2 Mehefin 1964 ym mhentref Heytesbury, gwyliodd Mrs Patricia Phillips, gwraig y ficer, ynghyd â thri o'i phlant y 'peth siâp sigâr' am gyfnod o ugain munud. Erbyn 1965 roedd tri o bobl wedi tynnu ffotograffau o'r digwyddiadau. Ac yna daeth tro ar fyd. Disgynnodd haid o golomennod yn farw o'r awyr, a chyhoeddodd yr adarwr David Holton fod post mortem yn dangos iddynt gael eu lladd gan donfeddi sain nad oeddent o'r byd hwn.

Yna darganfu ffermwr fod sawl erw o'i dir, a oedd wedi'u gadael yn fwriadol ddiffrwyth, wedi troi'n erwau o chwyn, sef ysgall arian a oedd, fwy na heb, wedi diflannu o'r ardal ers 1918. Yn Warminster ei hun daeth gardd ffrynt Mr a Mrs Harold Horlock yn atynfa arddwriaethol pan welwyd ysgall, a oedd fel arfer yn tyfu bum troedfedd, yn saethu i fyny i dros ddeuddeng troedfedd mewn tridiau. Yn yr un cyfnod yr ymddangosodd y cylchoedd ŷd gyntaf. Er bod llawer o dwyll yn digwydd, Warminster fu canolfan gwylio *UFOs* Prydain am hyd at ddegawd.

Ers degawdau bu ymarferiadau milwrol ar Wastadedd Salisbury, sydd heb fod ymhell o Warminster, ond nid yw'n amlwg ai gweithgareddau'r fyddin oedd yn gyfrifol am rai o'r digwyddiadau a ddychrynodd gymaint ar y cyhoedd.

Nid gwledydd Prydain oedd yr unig wledydd yng ngorllewin Ewrop i brofi'r fath ffenomena chwaith. Yn Valensole, ardal Alpau'r Basse yn Ffrainc, ar y cyntaf o Orffennaf 1965, roedd ffermwr planhigion lafant wrth ei waith pan welodd wrthrych siâp pêl rygbi a thua'r un maint â char *Renault Dauphine* yn un o'i gaeau. Allan o'r strwythur, a safai ar chwe choes, daeth dau 'fachgen' a aeth ati i hel lafant. Pan welsant y ffermwr, M Maurice Masse, anelodd un ohonynt arf tuag ato a'i fferru yn y fan a'r lle.

Disgrifiodd Masse y 'bechgyn' fel rhai tua wyth oed gyda

phennau mawr, moel, croen gwyn, llyfn, llygaid ar oledd, gên finiog a cheg heb wefusau. Ni theimlai unrhyw fygythiad, ac ar ôl i'r ddau fynd yn ôl i'w llong ofod a hedfan i ffwrdd, gallai'r ffermwr symud unwaith eto. Hyd heddiw, does dim byd wedi tyfu ar y fan lle glaniodd y gwrthrych. A phrofodd gwyddonwyr ar ran y llywodraeth fod newidiadau moleciwlaidd wedi digwydd i'r ddaear yno, yn union fel petai'r pridd wedi'i grasu mewn ffwrn feicrodon.

Ar noson 19 Medi 1976 yn Tehran, prifddinas Irac, gwelodd cannoedd o bobl rywbeth yn yr awyr. Lansiwyd awyren llywio nos *F-4 Phantom* i ymchwilio. Roedd y gwrthrych llachar i'w weld hyd at 70 milltir i ffwrdd. Wrth nesáu ato, ceisiodd y peilot gloi ei systemau arfau i'r *UFO*, ond wrth wneud hyn, collodd yr awyren ei phŵer trydanol, gan orfodi'r peilot i droi i ffwrdd. Pan nad oedd mewn safle i fygwth yr *UFO*, daeth y cyflenwad trydan yn ôl. Lansiwyd ail *Phantom* i gynorthwyo, ac wrth i honno agosáu, daeth golau llachar o grombil y strwythur, gan anelu'n syth at yr *F-4* ar gyflymder. Ymdrechodd y peilot i lansio taflegryn awyr i awyr, ond ar yr eiliad dyngedfennol, collwyd pŵer trydanol, a 'marwodd' y panel rheoli arfau. Pan nad oedd yr *F-4* yn fygythiad mwyach, ailgysylltodd y strwythur â'r fam-long, a daeth y cyflenwad trydan yn ôl.

Ymddangosodd golau arall o'r *UFO* gan hedfan yn syth at y llawr. Gwyliodd criw'r *F-4* gan ddisgwyl ffrwydriad enfawr, ond ymddangosodd ei fod wedi glanio'n esmwyth, gan oleuo llawr yr anialwch o'i gwmpas am ryw 2–3 km. Nodwyd y safle yma gan y criw cyn dychwelyd i'r maes awyr i lanio, lle'r oedd yn rhaid iddynt amgylchu sawl gwaith cyn glanio, am eu bod wedi colli eu golwg nos achos disgleirdeb y strwythur.

Casglwyd yr holl wybodaeth uchod i'r *Defense Intelligence Agency (DIA)* drwy gyfweliad â BG Yousefi, dirprwy-Gomander Ymarferiadau, ynghyd â chriwiau'r awyrennau. Yn anarferol iawn cyhoeddwyd asesiad yr asiantaeth hefyd, gan nodi ar y dudalen flaen: *An outstanding report. This case is a classic which meets all the criteria necessary for a valid study of the UFO phenomenon.*

Yn ôl ym Mhrydain, ar gyrion maes awyr arfau niwclear *RAF/USAF* Woodbridge ger Ipswich ar 27 Rhagfyr 1980, gwelwyd golau rhyfedd y tu allan i'r fynedfa gefn. Danfonwyd tri gwarchodwr i ymchwilio, rhag ofn fod awyren wedi disgyn, ond gwelsant rywbeth metelig, siâp trionglog a oleuai'r goedwig gyfan. Diflannodd y gwrthrych wrth iddynt nesáu ato. Ond trannoeth, darganfuwyd tri phant siâp cylch yn y fan lle gwelwyd y gwrthrych. Roedd yno hefyd olion ymbelydredd.

Yn hwyrach y noson honno gwelwyd mwy o oleuadau yn y goedwig ac yn yr awyr. Ond aeth dwy flynedd heibio cyn i'r Weinyddiaeth Amaeth gydnabod i rywbeth anarferol gael ei weld yno. Llwyddodd ymchwilydd o UDA i ddod o hyd i ddogfen yn cadarnhau'r gweleddiadau. Cafwyd y dystiolaeth fwyaf trawiadol gan y Cyrnol Charles Halt, dirprwy-Gomander *USAF* y maes awyr. Rhyddhawyd ei adroddiad, yn cynnwys yr holl wybodaeth uchod, yn 1983 o dan y Ddeddf Rhyddid Gwybodaeth.

Mae gan Wlad Belg un o'r Awyrluoedd mwyaf modern yn y byd a sgramblwyd eu hawyrennau amddiffyn *F-16* droeon rhwng Tachwedd 1989 a Mawrth 1990. Ar noson 30/31 Mawrth, derbyniwyd 2,600 o adroddiadau am weleddiadau rhyfedd. Dylid nodi mai 209 o adroddiadau tebyg a gafwyd ym Mhrydain am y flwyddyn gyfan. Daeth y mwyafrif o ardal Waver, ardal i'r de o Frwsel, gyda nifer yn cyfeirio at oleuadau lliw trionglog o dan wrthrych anferth. Llwyddwyd i'w dracio gan orsafoedd radar *NATO* yn Semmerzake a Glons ac fe lansiwyd *F-16*. Ymddangosodd y gwrthrych ar sgrîn radar yr awyren. Ond yna trodd yn sydyn gan ddisgyn 1,300 metr mewn un eiliad. Ar ôl awr a chwarter o erlid, diflannodd yn gyfan gwbl. Yn ôl pennaeth gweithgareddau Llu Awyr y wlad, roedd yna resymeg y tu ôl i symudiadau'r *UFO*. Rhyddhawyd tâp fideo o'r digwyddiad hwn i'r wasg. Rwyf yn cofio gwylio lluniau o sgrîn radar yr *F-16* ar *News at Ten*, ble'r oedd y targed trionglog i'w weld yn glir.

Mae'r amrediad cyfoethog o hanesion tebyg i'r rhain yn

synnu'r rhai nad ydynt yn ymwybodol o'u bodolaeth. Mae yna gofnodion swyddogol yn cadarnhau'r fath hanesion ym Mhrydain, America – pob rhan o'r byd. Wedi hanner can mlynedd o ymchwil, ydi'r ymchwilwyr yn nes at ddarganfod tarddiad y Soseri Hedegog? Ynteu ai rhywbeth i dynnu'n sylw oddi wrth faterion llawer dyfnach yw'r ffenomenon? I ddyfynnu'r gwyddonydd niwclear o America, Stanton T Friedman, sydd hefyd yn awdurdod ym maes ymchwil i *UFOs: Never mind the saucers, what about the drivers?*

Pennod 4

HERWGIPIO ARALLFYDOL

Os mai gofyn ble'r oedd y gyrwyr wnaeth Friedman, roedd George Adamski o'r farn eu bod nhw'n dod o'r blaned Gwener!

Yn enedigol o Wlad Pwyl, ymfudodd Adamski gyda'i rieni i UDA ym 1893 yn flwydd a hanner oed. Wedi treulio'i flynyddoedd cynnar yn crwydro, ymsefydlodd wrth droed Mynydd Palomar, Califfornia, lle datblygodd yrfa fel athro mewn metaffiseg ac athroniaeth. Treuliai'r rhan helaethaf o'i amser sbâr yn astudio'r sêr drwy ei delesgôp adlewyrchol chwe modfedd.

Dechreuodd Adamski weld pethau yn 1946, pan sylwodd ar long ofod anferth yn hofran uwchben mynydd cyfagos. Cafwyd adroddiadau ar y radio trannoeth fod eraill wedi gweld yr un peth.

Flwyddyn yn ddiweddarach, dywedodd iddo weld sgwadron o *UFOs*. Yna, ar 20 Tachwedd 1952, daeth ei welediad enwocaf. Ac yntau ymhlith criw o ffrindiau, ymddangosodd *UFO* lliw arian anferth ar siâp sigâr uwchben copa mynydd. Gadawodd ei ffrindiau er mwyn tynnu lluniau ohono. Yna ymddangosodd ail *UFO*. A gwelodd ddyn mewn siwt debyg i ddillad sgïo. Roedd ganddo wallt melyn, hir. Llwyddodd y ddau, drwy ystumiau a thelepathi, i gyfathrebu a mynegodd y dyn ei bryder am beryglon datblygiadau niwclear ar y ddaear. Cafodd Adamski fynd at yr *UFO* a derbyniodd sioc drydanol wrth iddo gyffwrdd â'r llong. Wrth adael yn ei *UFO*, aeth y dieithryn ag un o blatiau ffotograffig Adamski gydag ef a gadawodd olion traed rhyfedd ar ei ôl. Ar 13 Rhagfyr dychwelodd y llong ofod uwch Gerddi Palomar gan ollwng y plât i'r llawr. Roedd y llun gwreiddiol wedi'i drawsnewid gan symbolau rhyfedd.

Disgrifiodd Adamski'r cyfan yn ei gyfrol *Flying Saucers Have Landed*, a gyhoeddwyd yn 1953 a'i droi yn gyff gwawd.

Cyhoeddodd ail gyfrol, *Inside the Space Ships*, lle disgrifiodd nifer o ymwelwyr arallfydol – ei 'frodyr gofodol' – a mynd ymlaen i sôn am ei deithiau mewn *UFOs*. Dysgodd oddi wrth yr ymwelwyr fod ein bydysawd yn cynnal poblogaethau, a chyfarfu â thrigolion o blanedau Gwener, Mawrth a Sadwrn.

Ymdynghedodd i ledaenu neges ei 'frodyr' a dywed iddo gario'r genadwri at Frenhines yr Iseldiroedd. Ac at y Pab. Gwadwyd hyn gan y Fatican ond dangosodd Adamski Feibl Pabaidd fel tystiolaeth. Yn 1965, saethodd ffilm 20 munud o'r hyn a alwodd yn *scout craft*. Mae'r dadleuon am ddilysrwydd y ffilm yn para hyd heddiw.

Hwyrach mai disgrifiadau fel rhai Adamski a arweiniodd at yr holl storïau 'dyddiau cŵn' yn y wasg. Eto fe lwyddodd hwnnw, o leiaf, i godi pynciau difrifol am ddyfodol y blaned a'r angen am osgoi trychinebau ecolegol. Honnodd hefyd iddo dderbyn hyfforddiant mewn creu dyfeisiadau ynni rhydd, sef peiriant di-lygredd yn cynhyrchu ynni heb fod angen unrhyw danwydd. Heddiw mae hi'n ras i ddyfeisio'r fath beiriant. Ond y cwestiwn yw, pam nad aeth yr estroniaid â'u problemau yn uniongyrchol at arweinwyr y gwledydd?

Nid yw'r ffenomenon yn gyfyngedig i UDA. Ar 24 Ebrill 1965, gwelodd Arthur Bryant o Scorriton, Dyfnaint, soser fawr yn hofran yn isel uwchlaw cae. Daeth tri 'dyn' allan, tri nad oedd o'r byd hwn, meddai. Gwisgent ddillad tebyg i wisg deifwyr, yn cynnwys helmedau. Wedi iddynt ddiosg eu penwisgoedd gwelodd dalcenni hirion, llygaid glas â'r canhwyllau'n fertigol fel llygaid cathod, gwallt hir, melyn a thrwynau bach smwt. Roedd symbol yr haul neu flodyn ar fyclau eu gwregysau.

Ymddangosai un yn wahanol i'r ddau arall. Dywedodd mai ei enw oedd Yanski a siaradai ag acen ganol-Ewropeaidd gyda chyffyrddiad Americanaidd. Dywedodd wrth Bryant y gwnaent, o fewn mis, brofi rhywbeth am Mantell; fe gollodd y Capten Thomas Mantell ei fywyd wrth geisio dilyn *UFO* yn ei awyren *P51* uwchben Kentucky ar 7 Ionawr 1948.

Watch for the blue light in the evening, meddai. *Danger of forces from Epsilon* (system sêr) *which take people for procreation purposes. These cause what you call poltergeists, which are only invisible because of your ignorance of the orbital plane. My name is Yanski.*

Pan ofynnodd Bryant o ble y daethant, ateb Yanski oedd: *From Venus. If only Des were here he would understand.* Yna gwahoddodd Bryant i mewn i'r cerbyd lle dywedwyd wrtho mai *Ideo Motor Movement* oedd yn gyrru'r llong. Cafodd ei hebrwng allan a chododd y llong a diflannu. Disgrifiodd Bryant ei brofiad fel 'ennill ar y pyllau pêl-droed'.

Newidiodd safbwynt pobl am *UFOs* yn 1961. Cynt, roedd pobl dan yr argraff eu bod yn gyfeillgar ond yn dilyn hanesion am gipio arallfydol, neu *alien abductions*, newidiodd barn y bobl. Dechreuwyd clywed hanesion am fodau arallfydol yn cyrraedd y ddaear ac yn cipio pobol heb eu caniatâd, cyn cyflawni rhyw fath o lawdriniaeth feddygol arnynt ac yna eu dychwelyd yn ôl i'r ddaear. Rhan o'r profiad sydd ynghlwm â'r ffenomenon yw'r syndrom o golli amser; er enghraifft, pobl yn teithio mewn car ac yn sylweddoli fod eu siwrnai wedi cymryd rhai oriau'n hwy nag arfer. Nid yw'r bobl hyn yn medru cynnig rheswm am yr amser coll ac fel arfer – ond nid bob tro – daw atgofion yn ôl drwy hunllefau neu ôl-fflachiadau.

Am hanner nos ar 19-20 Medi 1961 y digwyddodd yr achos cyntaf yr ymchwiliwyd iddo'n llawn, a'r cyntaf hefyd lle defnyddiwyd hypnosis fel cyfrwng i ryddhau atgofion cudd. Roedd gŵr a gwraig, Barney a Betty Hill, yn gyrru ar hyd lôn anghysbell, *Route 3*, drwy Barc Cenedlaethol yn ardal y White Mountains yn New Hampshire pan sylwodd y ddau ar seren wib ymhlith y sêr eraill. Yn sydyn, safodd y seren yn stond yn yr awyr a dychwelyd i'r cyfeiriad y daethai ohono. Stopiodd Barney'r car ac aeth y ddau allan i wylio drwy bâr o finocwlars.

Ar ôl gwylio'r golau am dipyn, daeth Barney i'r casgliad mai hofrennydd neu rywbeth tebyg oedd yno. Aethant yn ôl i'r car a gyrru ymlaen, ond yn ddirybudd dyma'r golau yn hedfan tuag at y car. Stopiodd Barney unwaith eto, a'r golau erbyn hyn yn hofran o flaen y car ac yn ddigon agos i ddangos ei fod ar ffurf crempogen gyda ffenestri llachar ar hyd yr ymyl. Wrth iddi sylwi ar ddau olau coch yn cynnau, gwelodd Betty fod ei gŵr wedi gadael y car ac yn sefyll yng nghanol y ffordd gyda'r llong yn nesáu tuag ato'n araf. Yna hedfanodd y llong i ffwrdd a pharhaodd y ddau ar eu siwrnai gan deimlo'n anesmwyth ond heb wybod yn iawn pam.

Y bore canlynol sylwodd Barney fod y paent wedi codi mewn mannau ar fonet y car. Gwelodd hefyd farciau ffres ar ei sgidiau lledr a theimlai boen yng nghefn ei wddf. Yna sylweddolodd y ddau fod y siwrnai wedi cymryd tua dwy awr a hanner yn hwy nag y dylai. Teimlai'r ddau dan bwysau ond ni allent feddwl pam. Dechreuodd Betty ddioddef yn ddrwg o hunllefau lle gwelai ei hun mewn stafell yn derbyn archwiliad meddygol gan fodau rhyfedd.

O fewn blwyddyn bu'r ddau yn derbyn triniaeth gan ddau feddyg. Yna trosglwyddwyd eu hachos at y Dr Benjamin Simon, seiciatrydd o Boston a oedd yn arbenigo mewn triniaeth therapi hypnosis. Natur y driniaeth yw mynd â'r claf yn ôl mewn amser at ddigwyddiad cudd yn y gorffennol. Mae hon yn ffordd o fynd at wraidd y broblem er mwyn penderfynu ar y driniaeth gywir. Hypnoteiddiwyd y ddau ar wahân fel na fyddai'r naill yn ymwybodol o stori'r llall. O'r sesiwn deilliodd hanes echrydus a oedd yn llenwi'r bwlch a adawyd gan yr amser coll.

Ataliwyd y car gan griw o fodau bach rhyfedd. Roedd ganddynt ben ar siâp gellygen a llygaid mawr duon ar draws eu hwynebau. Llusgwyd Barney a Betty i'r llong a'u rhoi mewn stafelloedd ar wahân ar gyfer archwiliad meddygol, gyda'r dynion bach yn cymryd samplau o'u gwallt a'u croen.

A oedd y ddau wedi syrthio i gysgu ar fin y ffordd am ddwy awr a hanner ar ôl taith hir, flinedig ac yna gyrru ymlaen heb gofio deffro? Os hynny, a yw hi'n bosibl iddynt fod wedi rhannu'r un freuddwyd?

Mae miloedd o bobl ledled y byd wedi adrodd straeon tebyg, pob un yn amrywio o ran natur yr erchyllter ac i ba raddau y gellir eu credu. Ond mae dau achos yn sefyll allan, sef achosion Travis Walton a Whitley Strieber, y ddau o UDA a'u hanesion yn wahanol ond yn gredadwy iawn.

Roedd Travis Walton yn aelod o griw o saith dyn profiadol yn gweithio fel coedwigwyr ar gytundeb i'r llywodraeth mewn rhan o Goedwig Genedlaethol Sitgreaves, Arizona. Ar eu ffordd adref i bentref Snowflake ar 5 Tachwedd 1975, gwelsant olau coch yn y goedwig. Gan ddisgwyl gweld y goedwig ar dân, cododd y jîp dros fryncyn gan ddatgelu tarddiad y golau. Sioc i bawb oedd gweld soser hedegog anferth wedi ei goleuo fel coeden Nadolig. Yn llawn cyffro, neidiodd Walton allan o'r jîp a rhedeg tuag at y soser. Daeth sŵn bîpian o'r llong ac wrth i Walton droi i ddianc, fe'i trawyd gan follt o egni a'i cododd i'r awyr. Disgynnodd yn swp ar lawr a dihangodd ei gydweithwyr mewn braw.

Ar ôl pwyllo, dychwelodd y dynion. Ond doedd dim sôn am Walton yn unman. Galwyd yr heddlu, a sylweddolodd y Siryf Marlin Gillespie fod y dynion o ddifrif. Casglwyd criw i chwilio am Walton, ond yn ofer.

Gyda phentrefwyr Snowflake yn cyhuddo'r criw logio o lofruddio Walton, cytunodd y chwech i dderbyn prawf geirwiredd, neu *polygraph*, i brofi bod eu stori'n wir. Cafwyd fod pump yn dweud y gwir tra bod y chweched yn amhendant – canlyniad rhyfeddol, yn ôl yr arbenigwr a'u profodd.

Aeth chwe diwrnod o chwilio heibio cyn i frawd-yng-nghyfraith Walton glywed ei lais gorffwyll dros y ffôn. Roedd e'n ffonio o dref Heber, 30 milltir i ffwrdd.

Pan gafodd ei hebrwng adref, roedd yn meddwl yn siŵr mai dim ond am awr a hanner yr oedd wedi diflannu, nes iddo deimlo tyfiant ei farf. Roedd yn dioddef o ddiffyg dŵr ac wedi colli deg pwys yn ystod ei ddiflaniad. Yn dilyn hunllefau arswydus, aeth Walton am driniaeth seiciatrig.

O dan hypnosis disgrifiodd ei brofiad. Cofiai orwedd ar fwrdd a chredai ei fod yn yr ysbyty lleol. Roedd dyfais o ryw fath ar ei frest a gwelodd 'greaduriaid' yn symud o gwmpas.

Roedd yn rhy wan i ddianc. Roedd y bodau ar ffurf ddynol ond bod eu croen yn glaerwyn a'u gwythiennau yn dangos drwyddo. Roedd eu pennau'n fawr ac yn foel a'r wynebau fel petaent heb lawn ddatblygu. Ymddangosai eu llygaid fel llygaid cathod, ond wedi'u troi ar eu hochrau.

Aeth y bodau allan a cheisiodd Walton ddianc. Fe'i cafodd ei hun mewn stafell lle'r oedd sgrîn enfawr dri dimensiwn yn dangos sêr y gofod. Yna daeth dyn cydnerth chwe throedfedd o daldra i mewn, yn gwisgo siwt las. Credai Walton ei fod yn aelod o naill ai'r *USAF* neu *NASA*. Ni ynganodd yr un gair wrth i Walton ei holi ond arweiniodd ef i stafell arall lle'r oedd dau ddyn a menyw a edrychai fel petaent yn perthyn i'r un teulu.

Gorfodwyd Walton i orwedd, gosodwyd mwgwd meddygol dros ei wyneb ac aeth popeth yn dywyll. Y cof nesaf oedd ganddo oedd dihuno ar lawr a disg arian, tua 14 troedfedd o uchder, yn hofran gyferbyn ag ef. Cododd y ddisg yn sydyn a diflannu.

Pasiodd Walton dri phrawf *polygraph*. Ac ef a gaiff y gair olaf:

The tremendous insight into humanity I believe I've gained from my experience is but one benefit. It's when we resolve the meaning of all this, the phenomena in general and my experience in particular, that I believe we will have finally hit pay dirt, acquired the ultimate point of it all.

Hwyrach y bydd Whitley Strieber yn cael ei gofio am osod delwedd yr estron bach llwyd â'r llygaid enfawr duon yn gadarn ym meddwl y cyhoedd. Croesawyd ei gyfrol *Communion* yn 1987 gan storm o brotest ochr yn ochr â llawer o gefnogaeth. Ar y clawr roedd llun artist o'r cymeriad arallfydol yr honnai Streiber iddo gyfarfod ag ef droeon.

Derbyniodd y gefnogaeth gryfaf oddi wrth rai a oedd wedi profi'r un sefyllfa gyda'r un math o greadur. Trin y cyfan fel jôc wnaeth yr amheuwyr, yn hytrach nag ymdrechu yn urddasol, gwyddonol a phwyllog i gael ateb i'r ffenomenon sydd wedi effeithio ar filoedd o bobl. Eto fe wnaethant ymdrechu'n galed i wfftio'i brofiadau drwy lansio cyfres o ymosodiadau personol arno.

Daeth Strieber, sy'n awdur proffesiynol yn ysgrifennu llyfrau arswyd, yn ymwybodol o'r ffenomenon fin nos ar 26 Rhagfyr 1985. Roedd yn treulio gwyliau'r Nadolig gyda'i wraig a'u mab yn eu caban pren ar gyrion Efrog Newydd. Deffrowyd ef ganol nos gan ffigwr aneglur, rhy fach i fod yn oedolyn, a sleifiodd i mewn i'w stafell wely. Yna rhuthrodd y ffigwr tuag at Strieber. Gwelodd mai rhyw dair troedfedd o daldra oedd y creadur gyda dau dwll du fel llygaid ac amlinell o geg. Trodd ei feddwl at y dryll yn y wardrob. Fe'i cadwai yno ar ôl digwyddiad y mis Gorffennaf blaenorol pan feddyliodd fod rhywun yn ceisio torri i mewn.

Ond ni chafodd gyfle i estyn am y dryll. Gyda'r creadur hwn yn ei wynebu, llewygodd. Teimlodd ei hun yn hofran allan o'r stafell a chafodd ei hun mewn coedwig yng nghwmni bod arall, benywaidd a oedd a llwyr reolaeth drosto. Fe'i codwyd i'r awyr yn sydyn ac wrth wibio dros y coed, gwelodd lawr yn cau oddi tano.

Mewn ystafell wahanol, tebyg i theatr mewn ysbyty, roedd y bobl fach yn heidio o'i gwmpas wrth iddynt gynnal llawdriniaeth ar ei ymennydd a'i rectwm. Gwnaed toriad yn ei fynegfys, eto doedd dim poen. Erbyn hyn gwelsai bedwar math o greadur – yr un yn ei lofft, rhai eraill mwy corfforol mewn oferôls glas, rhai eiddilach yr olwg â llygaid mawr du hypnotig ar slant, ac yna rhai tebyg, ond llai, â llygaid duon crwn fel botymau.

Wedi'r llawdriniaethau, y peth nesaf y mae'n ei gofio yw deffro ar fore'r 27ain.

Teimlai Strieber yn anesmwyth iawn, yn union fel petai rhywbeth mawr ac ofnadwy wedi digwydd ond heb wybod beth. Sylwodd ei wraig fod ei ymddygiad wedi newid yn sylweddol wrth i baranoia ei feddiannu.

Symudodd y teulu dŷ ddwywaith a gosod cloeon ychwanegol ar y drysau. Dirywiodd cyflwr Strieber gymaint nes i'w wraig fynnu ei fod yn gweld seiciatrydd. Ni allai hi ei hun gredu ei stori. Hyd yma nid oedd Strieber wedi meddwl yn nhermau *UFOs* ac estroniaid arallfydol.

Cafodd brofion seiciatrig llawn, ac er iddo basio pob un a derbyn cadarnhad ei fod yn holliach yn feddyliol, ymddangosai fod ei brofiadau yn rhai gwir. Wrth i'r seiciatrydd geisio mynd at wraidd y broblem drwy ddefnyddio hypnosis, a oedd yn mynd ag ef yn ôl drwy ei fywyd cynnar, daeth yn amlwg fod y cysylltiadau wedi dechrau yn ystod ei blentyndod ac wedi ailgodi'n rheolaidd wedyn.

Dywed Strieber ei fod yn parhau i gael cysylltiadau gyda'r bodau, ond gan nad ydynt yn dweud rhyw lawer ac yn osgoi ateb cwestiynau, nid yw'n gwybod o ble y maen nhw'n dod. Yn ogystal â'r posibilrwydd eu bod yn estroniaid o'r gofod, efallai eu bod wedi croesi i'w fywyd o ddimensiwn arall neu hyd yn oed yn estyniad o'r cydwybod. Nid yw'n gwybod chwaith beth yw eu pwrpas, sy'n arferol mewn achosion o'r fath. A bellach, mae'r amcangyfrif o nifer y bobl a gafodd brofiadau tebyg dros filiwn yn UDA yn unig.

Nid oes digon o le yn y gyfrol hon i adrodd straeon pellach o'r UDA, megis y merched sengl sy'n cael eu taro'n wael wythnosau wedi iddynt gael eu cipio ac, o fynd at y meddyg, sy'n darganfod eu bod yn feichiog. Tuedda'r ymwelwyr i ddychwelyd wedi tri mis, a'r bore wedyn gwelir fod y feichiogaeth wedi terfynu ond nad oes unrhyw dystiolaeth o erthyliad. Wrth gwrs, efallai bod yna esboniadau meddygol dros achosion o'r fath. Ond beth yw'r cysylltiad rhwng yr *UFOs* a disgrifiadau'r merched hyn? A chofiwch fod yr hanesion yn gyffredin nid yn unig yn UDA ond ym mhob rhan o'r byd, gan gynnwys gwledydd sy'n gwybod dim am adroddiadau fel hyn yn y cyfryngau.

Cysylltais â Whitley Strieber drwy e-bost gan ofyn am ei sylwadau ar dri chwestiwn:
1. I ble mae senario cipiadau yn arwain rhywun?
2. Pam mae rhai yn cael y fath brofiadau ac eraill ddim?
3. A oedd ganddo unrhyw syniad pam y cafodd ef ei hun ei ddewis?

Gofynnais hefyd am ganiatâd i ddefnyddio'r llun oedd ar glawr *Communion*. Gan fod y llun ei hun wedi taro tant gyda chynifer o bobl, teimlwn y byddai'n addas i ddangos y creadur i gynulleidfa newydd. Dyma'r e-bost a dderbyniais oddi wrtho:
>*From: whitley@strieber.com*
>*To: richardtanycoed@aol.com*
>*Subject: Advice, please!*
>*Date: Sun, 5 Nov 2000 21:32:00 EST*
>*Thanks for your nice letter. I can't give permission to use the*
>*Communion figure, which I have trademarked, because it is so*
>*closely associated with me and my work.*

A dyna ni. Dim *yours faithfully*, *Whitley*, hyd yn oed! Ysgrifennais yn ôl ato i'w atgoffa'n foneddigaidd imi ofyn tri chwestiwn arall hefyd. Ond ni lwyddais i gael ymateb pellach.

Ond gadewch i ni ddod yn agosach adre. Digwyddodd yr hanes nesaf yn ystod oriau mân y bore ar 8 Chwefror 1985 ac mae'n disgrifio rhai o'r elfennau sylfaenol sy'n perthyn i'r ffenomenon hwn. Ni lwyddais i siarad yn uniongyrchol â'r person dan sylw, ac er i mi ysgrifennu ato, nid atebodd fy nghais i gael cyfarfod am sgwrs nac i gadarnhau fod y stori'n gywir. Ond mae'n ymwybodol o'm bwriad i gyhoeddi'r hanes a heb wrthwynebu. Hoffwn ddiolch i Philip Mantle o *BUFORA* am ei gefnogaeth ac am ei ganiatâd i ddefnyddio'i nodiadau am yr achos. Er tegwch i'r unigolyn yn yr hanes, ac i barchu ei ddymuniad gwreiddiol i aros yn anhysbys, defnyddiaf y ffugenw Dafydd Tomos ar ei gyfer.

Roedd Dafydd yn bedair ar bymtheg oed ar y pryd ac yn adnabod y daith adref o Bwllheli yn dda iawn gan iddo ei cherdded ers rhai blynyddoedd. Er ei bod hi'n ganol gaeaf ac yn dri o'r gloch y bore gydag ychydig eira ar lawr, roedd yn mwynhau cerdded adre ar noson glir ac oer wedi iddo fod allan ym Mhwllheli gyda'i ffrindiau. Tuag ugain munud ar ôl dechrau ei siwrnai tybiodd iddo glywed cerddoriaeth yn ei ben. Arhosodd am eiliad i glustfeinio. Ond doedd dim i'w glywed, dim brefiadau defaid na gwartheg na hyd yn oed hwtian tylluan, synau cyfarwydd i rywun a fagwyd yng nghefn gwlad. Yna clywodd y sŵn unwaith eto. Nid cerddoriaeth ond rhyw hymian isel, tebyg i hymian generadur trydan. Gwyddai nad oedd peiriant o'r fath o fewn rhai milltiroedd. Aeth at ochr y lôn gan syllu drwy'r tywyllwch ar draws cae cyfagos er mwyn ceisio darganfod tarddiad y sŵn.

I fodloni ei chwilfrydedd, dringodd y glwyd a cherdded ar draws y cae. Yna, tua hanner y ffordd ar draws y cae gwelodd rywbeth mawr, du yn hongian rhyw droedfedd a hanner uwch y ddaear. Wrth iddo agosáu daeth mwy o fanylion i'r amlwg. Gwelodd rywbeth ar ffurf disg gyda chromen ar ei phen, tua 25 troedfedd ar draws a thua 20 troedfedd o uchder. Gwelodd bethau fel 'teimlyddion', grisiau yn arwain at ddrws ac, ar draws y rhan uchaf, ffenestri. Er nad oedd goleuadau amlwg i'w gweld, roedd rhyw oleuni isel, fflworoleuol yn treiddio drwyddi.

Tra oedd yn sefyll yno'n syllu, sylwodd ar ryw symudiad o gornel ei lygad a throdd i weld bodau bychain, tebyg i blant, yn symud tuag ato. Teimlodd y dylai ddianc. Ond wrth iddo droi, sylweddolodd ei bod hi'n rhy hwyr. Safai un o'r bodau o'i flaen gan ei atal. Teimlodd law yn gafael ynddo a'i arwain tuag at y ddisg.

'Mi wnaethon nhw siarad efo fi, ond nid yr un fath ag y byddai person yn siarad,' meddai wrth ymchwilydd. 'Roedd o'r un fath â chlywed eu lleisiau y tu fewn i 'mhen. Roedden nhw'n dweud, "Mae pob dim yn iawn, mae popeth yn OK".'

Aethpwyd â Dafydd i'r llong ofod, a hynny heb i'w draed gyffwrdd â'r llawr. Y cof cyntaf oedd ganddo wedyn oedd iddo'i gael ei hun y tu mewn i stafell fawr, wag. Roedd ar ei ben ei hun. Canolbwyntiodd ar olwg y creaduriaid oedd wedi ei gipio. Roedd iddynt siâp dynol, ond yn llai ac yn fyrrach. Gwisgent helmedau siâp octagon ar eu pennau ac roedd dau olau gwan lle'r oedd y llygaid. Gwisgent siwtiau un darn gyda gwregysau lliw aur a strapiau, oedd yn atgoffa Dafydd o fresus. Gwisgent hefyd fenig, a sgidiau uchel at eu penliniau.

Treuliodd tua chwarter awr ar ei ben ei hun ond roedd yn teimlo fel petai rhywun yn ei wylio. Ni wyddai ai drwy delepathi y gwyddai hynny ond roedd yn ymwybodol o glywed lleisiau yn ei ben gydol yr amser. Yna cafodd ei symud i fan a ddisgrifiodd fel stafell reoli. Gwelodd dair neu bedair sgrîn wrth ddesgiau ac un sgrîn fawr ar y wal. Dywedwyd wrtho y câi ei ddiheintio a'i baratoi ar gyfer 'newid amser', a hynny eto drwy fodd telepathig. Daeth Dafydd yn ymwybodol o'r ffaith fod y llong yn ymadael â'r ddaear.

'Beth oedd yn rhyfedd,' meddai, 'doedd yna ddim synnwyr o symud, fel petai. Mi o'n i jyst yn eistedd yna yn gwatsiad y sgrîn fawr yma oedd yn dangos planedau yn pasio heibio; Iau, Sadwrn, ac allan heibio i Plwto lle cysylltodd y llong efo'r famlong.'

Ar honno gwnaed rhyw fath o archwiliad meddygol ar Dafydd. A chofia orwedd ar fwrdd tebyg i un mewn theatr ysbyty wrth i un o'r creaduriaid ddefnyddio offeryn hir, pigfain. Yr offeryn a fu'n gyfrifol am y marciau llosg a ddarganfu trannoeth ar ei gorff.

'Doedd o ddim yn llosgi ar y pryd,' meddai, 'a wnes i ddim sylweddoli tan y diwrnod wedyn beth oedden nhw wedi'i wneud.'

Dryswyd ef yn lân gan un agwedd o'r archwiliad. 'Wnaethon nhw tshecio fi dros fy nghorff i gyd, ond fe gymeron nhw dipyn o amser dros fy mhreifats. Dwn i ddim os oedden nhw'n cael trafferth yn trio gweithio allan os taw dyn neu ddynes o'n i.'

Gosodwyd offer ar ben Dafydd ac ar ei fron a'i wddf er mwyn cynnal profion. Cofia i guriad ei galon gael ei gyflymu ac yna ei arafu, fel petai ar orchymyn. Cofia hefyd iddo dderbyn cais telepathig rhyfedd tu hwnt ganddynt – a fyddai Dafydd yn fodlon iddynt dynnu ei lygaid allan i'w harchwilio'n fwy manwl? Gwrthododd, wrth gwrs.

Tynnwyd tâp casét o'i boced a chofia eironi'r sefyllfa wrth glywed cerddoriaeth *heavy metal* yn llenwi lle mor estron. Roedd yn bendant iddynt ddweud wrtho, drwy delepathi, eu bod yn hanu o blaned y tu hwnt i glwstwr Lyra, eu bod yn anadlu ocsigen pur ac yn casáu atmosffer lygredig y ddaear. Roedd eu canolfan ar y pryd ar y Lasynys (*Greenland*) a bu'n rhaid iddynt ddinistrio sawl canolfan ar ein Lleuad ni i osgoi cael eu darganfod gan y gwahanol rocedi a lloerennau a ddanfonid yno.

Dywedwyd wrtho fod eu hastudiaeth o ddynoliaeth yn dilyn rheolau pendant a olygai beidio ag ymyrryd. Ceir yr un neges gan nifer o bobl a gipiwyd. Ond o dderbyn hyn, beth yw eu diffiniad o beidio ag ymyrryd os ydynt yn cipio pobl ac yna'n cynnal llawdriniaethau cyfrinachol arnynt yn erbyn eu hewyllys?

Dywedodd Dafydd wrth yr ymchwilydd iddo gael ei holi am yr UDA ac am *NASA* ac iddynt ddatgelu wrtho iddynt archwilio un o longau gofod *Voyager* ar ei thaith drwy'r gofod. Yn ôl eu barn hwy, roedd hi'n gyntefig.

Nid oedd Dafydd yn cofio pryd y'i cymerwyd o'r fam-long yn ôl i'r llong ofod wreiddiol ond roedd yn ymwybodol ei fod ar ei ffordd adre. Yn sydyn fe'i cafodd ei hun yn ôl yn y cae a'r cof olaf sydd ganddo o'r digwyddiad yw'r *UFO* yn diflannu drwy'r awyr i blith y sêr.

Dylid cymharu'r disgrifiad hwn ag un Travis Walton ddeng mlynedd yn gynharach. Y broblem, wrth gwrs, yw penderfynu a oedd Dafydd yn cadarnhau agweddau ar y ffenomenon ynteu'n ailadrodd o'i isymwybod rywbeth a gofiai ei glywed rywbryd. Mae ei stori yn cadarnhau hanesion a adroddir yn aml. Cofiai'n glir deimlo'n chwil ar ôl gadael yr *UFO* ac yna'n benysgafn. Credai y gallai hyn fod yn un o effeithiau anadlu aer y ddaear ar ôl cyfarwyddo ag anadlu ocsigen pur gyhyd, er y gallai fod yn effaith disgyrchiant, fe'i gwelir wrth i ofodwyr gyrraedd yn ôl i'r ddaear.

Gwelwyd Dafydd yn cerdded yn simsan ar y lôn gan neb llai na phlismon yn ei gar heddlu. Stopiodd gan feddwl fod Dafydd yn feddw neu ar gyffuriau. Wedi iddo'i fodloni ei hun, aeth â

Dafydd adre a chyrhaeddodd y tŷ am 5.30 y bore. Roedd siwrnai a ddylai fod wedi para awr a chwarter wedi para dwbl yr amser, hyd yn oed ar ôl cael ei gludo gan yr heddwas. Ond credai Dafydd i'w amser gyda'r estroniaid bara lawer yn hwy.

Unwaith y cyrhaeddodd adre, dechreuodd ddioddef o sioc. Ac ar ôl iddi glywed yr hanes, mynnodd ei fam ei fod yn cael cymorth proffesiynol er mwyn darganfod y gwir. Canfu rif ffôn *Contact International*, mudiad sy'n ymchwilio i *UFOs*. Ar ôl saith niwrnod, a Dafydd yn dioddef o hunllefau dychrynllyd bob nos gan ddeffro'r teulu gyda'i sgrechian, penderfynodd ei fam wneud rhywbeth ar fyrder. Am 1.00 o'r gloch y bore ar 17 Chwefror 1985, a'r teulu wedi'u deffro unwaith yn rhagor gan un o hunllefau Dafydd, penderfynodd ei fam fynd ag ef i ganolfan *Contact International* yn Rhydychen. Yno, sylwodd yr ymchwilydd fod Dafydd yn welw ac yn crynu gan ofn. Bu'n rhaid i'w fam bwyso arno i adrodd yr hanes. O'r diwedd, ar ôl derbyn addewid y byddai popeth yn gyfrinachol, gwnaeth hynny.

Un peth a wnaeth argraff ar yr ymchwilydd oedd y braw amlwg ar wyneb Dafydd. Roedd mewn cymaint o fraw, gallai beryglu ei fywyd. Bu'n rhaid ei gyf-weld droeon cyn darganfod tarddiad yr ofn. Ond ar un achlysur dywedodd Dafydd iddo dderbyn neges delepathig gan ei gipwyr a'i llanwai ag arswyd. Roeddent wedi ei sicrhau y byddent yn dychwelyd i chwilio amdano. 'Wnawn ni dy weld di eto,' oedd eu neges. 'Maen nhw wedi fy newis i, fy nghyfarwyddo i, a maen nhw'n dod 'nôl amdana i,' meddai wrth ei ymchwilwyr, gyda'r dychryn yn amlwg iawn ar ei wyneb.

Ceisiodd yr ymchwilwyr ei sicrhau nad oedd hyn yn debyg o ddigwydd ac mai ffordd yr estroniaid o ffarwelio oedd hyn. Ond doedd dim cysuro ar Dafydd, a pharhau wnaeth yr hunllefau dychrynllyd. Gymaint oedd ei bryder nes i'w fam gysylltu â seicolegydd. A phenderfynodd hwnnw y dylai Dafydd ddilyn cwrs o hypnotherapi. Yn sgîl hwnnw, llwyddodd i ddygymod â'i brofiad ac i sylweddoli fod yn rhaid iddo ailgydio yn ei fywyd.

Heddiw mae Dafydd yn briod ac wedi llwyddo i roi ei brofiad o gael ei gipio o'r neilltu. Nid yw'n barod i drafod y profiad hwnnw ac mae'n cadw'i farn ar UFOs a chipiadau iddo'i hun. Ond mae'r profiad, beth bynnag fu'n gyfrifol amdano, wedi newid ei safbwynt ar fywyd. Bellach mae materion ecolegol yn bwysig iddo a datblygodd dalent greadigol gan fynd ati i gyfansoddi barddoniaeth a chaneuon, rhywbeth a oedd yn hollol ddieithr iddo cynt.

Mae'r rhai a fu'n ymchwilio i'r achos dros y blynyddoedd yn gytûn fod hwn yn achos clasurol, nid yn unig yn y disgrifiad o'r gadwyn o ddigwyddiadau, ond oherwydd natur ddibynadwy'r tyst hefyd.

'Fel arfer, mae cynnwys emosiynol digwyddiad o'r fath yn bwysicach na disgrifiad o'r digwyddiad ei hun,' meddai un ymchwilydd a dreuliodd lawer o oriau yng nghwmni Dafydd. 'Roedd cynnwys emosiynol yr achos hwn yn dangos yn glir fod rhywbeth trawmatig wedi digwydd. Fe wnes i gyf-weld Dafydd ddwywaith dros y blynyddoedd, unwaith yn fuan wedi'r digwyddiad ac unwaith eto rai blynyddoedd yn ddiweddarach. Yn fy marn i, mae'n amhosibl i rywun ffugio'r fath fraw a dychryn a oedd yn amlwg ar wyneb y dyn ifanc hwn. Gallwn siarad ag ef am unrhyw destun dan haul, a sgwrsiai mewn modd rhesymol a chall. Ond wrth ddechrau holi am ei brofiad, roedd y newid ynddo'n glir i bawb. Byddai'n aflonyddu'n llwyr, yn smocio un sigarét ar ôl y llall. Mae'n amlwg fod atgofion am ei brofiad yn dal i beri dychryn personol mawr iddo.'

Digon tebyg oedd ymateb Dafydd rai blynyddoedd yn ddiweddarach.

'Erbyn hyn roedd Dafydd wedi bod trwy gwrs o hypnotherapi i'w helpu i oresgyn yr hunllefau a'r pyliau o banig. Roedd e'n hŷn ac wedi aeddfedu llawer ac wedi penderfynu'n bendant i adael ei brofiad ar ôl yn y gorffennol. Rwyf wedi fy argyhoeddi fod Dafydd yn llwyr gredu fod yr hyn a ddisgrifiodd wedi digwydd iddo go iawn. Nid yw'n bosibl ffugio'r fath drawma sydd ag angen triniaeth hypnotherapi.'

Er gwaethaf diffyg ymchwil swyddogol a chyhoeddus gan awdurdodau seiciatryddol yn gyffredinol, ac ym Mhrydain yn arbennig, i ddarganfod gwraidd y ffenomenon hwn y mae yna un, o leiaf, yn UDA sydd wedi bod yn ymchwilio i'r pwnc ers canol y 70au. Nid seiciatrydd cyffredin mohono, fodd bynnag, ond John E Mack, Athro Seiciatreg yn Ysgol Feddygol Harvard, dyn â thros ddeugain mlynedd o brofiad yn y maes. Cynigiodd driniaeth i ymron ddwy fil o bobl ers cychwyn ymchwilio i'r ffenomenon yn 1976, ac mae wedi cofnodi'r hyn sydd wedi'i argyhoeddi fod y ffenomenon a adroddir gan bobl yn wir.

1. Dilysrwydd, credadwyaeth a natur y bobl.
2. Angerdd emosiynol y bobl, sydd bob tro yn arwydd o drawma.
3. Cysondeb hanesion rhwng pobl ddieithr o ardaloedd a gwledydd gwahanol.
4. Absenoldeb salwch meddyliol o unrhyw fath a fyddai, o bosibl, yn medru creu'r fath ffenomenon.
5. Bod tystiolaeth gan lygad-dystion annibynnol, ynghyd ag effeithiau eraill, i gadarnhau'r straeon.
6. Cysylltiad â gweld *UFO*.

Mae'r profiad o weld rhywun yn ail-fyw ei brofiad o dan hypnosis yn medru bod yn un difrifol iawn.

'Wrth i'r bobl hyn ddod yn agos at ail-fyw eu profiadau, fe wnân nhw sgrechian mewn braw gyda'u cyrff yn crynu mewn ofn. I siarad mewn termau clinigol, does yna ddim byd yn medru creu'r fath ymateb yn rhywun, heblaw ei fod e'n ail-fyw rhywbeth sydd wedi digwydd iddynt. Nid oes unrhyw reswm arall y gwn i amdano sydd yn medru esbonio'r mater.

'Wrth ymchwilio i achos, rhaid cadw golwg am arwyddion o broblemau eraill dyfnach, a fyddai'n medru bod wrth wraidd y broblem. Rhaid chwilio drwy'r holl fathau o drawma y gall pobl eu dioddef, gan chwilio am y rhai sydd â nodweddion cryf iddynt. Hyd yma, nid wyf fi – na neb arall hyd y gwn i – wedi darganfod un achos lle mae trawma, neu gasgliad o wahanol fathau o drawma, yn medru esbonio cyflwr emosiynol y bobl hyn.'

Wrth gwrs, roedd Mack yn ymchwilio i'r ffenomenon yn y 70au a'r 80au, rai blynyddoedd cyn i hanesion gyrraedd y cyhoedd yn gyffredinol. Ac mae hyn yn bwysig iddo gan fod yna dystiolaeth nad ymateb 'diwylliannol' diweddar i heip cyhoeddus yn y cyfryngau sy'n dylanwadu ar bobl. Wedi ymron 30 mlynedd o ymchwil i'r broblem, sy'n cynnwys pobl o bob tras, rhyw, cefndir cymdeithasol ac oedran – gan gynnwys plant mor ifanc â thair oed – faint agosach ydyw at gael ei datrys?

'Rydw i wedi gweld digon o achosion i wneud i mi sylweddoli, "Hei, mae 'na rywbeth yn digwydd fan hyn!" Nawr, dw' i ddim yn dweud fod y "rhywbeth" yma yn arallfydol ei natur gan y byddai derbyn hynny yn gwneud i rywun gwestiynu ei gategorïau. Os yw rhywbeth yn arallfydol ei natur, mae'n rhaid iddo fodoli yn ein byd materol, dyddiol ond nid ar ein planed ni – yn hytrach allan yn y gofod ar blaned arall. Dydw i ddim yn meddwl fod strwythuro'r ffenomenon yn nhermau'r byd materol yn mynd i'n cynorthwyo ni rhyw lawer. Mae'r data sylweddol sydd gen i yn dweud fod *rhywbeth* yn effeithio ar y bobl hyn mewn rhyw ffordd bwerus, rhywbeth na alla i gymodi â'n byd materol. Felly, mae'r ffenomenon yma yn ymestyn fy syniad o'r hyn ydi realiti mewn gwirionedd.'

Wrth dderbyn y realiti newydd, hwyrach y byddai'n hawdd diystyru'r ffenomenon ar un lefel. Er i'r bobl a gafodd eu cipio ddioddef o 'straen yn dilyn trawma' ym mhob achos, mae'n amlwg fod y cipwyr yn eu dychwelyd yn ddiogel heb adael unrhyw niwed parhaol amlwg.

Ond nid y cymariaethau hyn yn unig sy'n nodweddiadol o'r ffenomenon. Wrth i'r straen hwn glirio, mae'r unigolion yn eu gweld eu hunain mewn ffordd wahanol, yn ymddiddori yn yr amgylchfyd ac ecoleg a datblygu sgiliau creadigol neu seicig.

Mae'r rhan fwyaf o'r bobl a gipiwyd yn gweld yr ymyrraeth

fel digwyddiad positif yn y pen draw. Ond beth, yn eu tyb hwy, sy'n digwydd? Mae'r mwyafrif yn cyfaddef nad oes ganddynt syniad beth sy'n digwydd, gan i'r estroniaid wrthod ateb eu cwestiynau. Ond y gred gyffredinol yw fod rhan o'r profiad yn gysylltiedig â rhaglen beirianneg geneteg i gynhyrchu tras ddynol/estron croesryw. Pa reswm arall sydd yna, holant, dros y drefn feddygol ond i gasglu defnyddiau genetig? A pham? Gall fod un o ddau reswm.

1. Mae'r estroniaid technolegol uwch hyn wedi colli eu hemosiynau eu hunain dros filenia o beirianneg genetig ac wedi darganfod ffynhonnell o ddeunydd a fyddai'n eu galluogi i'w hail-greu o'r newydd.
2. Maent wedi ffoi o blaned a oedd ar fin cael ei dinistrio am ryw reswm ac wedi darganfod planed arall i fyw arni, sef y Ddaear. Felly, maent wedi cychwyn ar y broses hir o gyflwyno stoc genetig pobl o'r Ddaear i'w gwareiddiad ac wedi llwyddo i greu tras groesryw i'w galluogi, gydag amser, i addasu'n barhaol ar gyfer atmosffer ac ecoleg y Ddaear.

Beth bynnag yw'r ateb, ni fydd yn bosibl i ni lwyr ddeall natur y ffenomenon nes i'r gymuned seiciatryddol ddechrau ei archwilio o ddifrif. Wrth gwrs, bydd yn rhaid iddynt dderbyn bodolaeth y ffenomenon cyn gwneud hynny.

Pennod 5

ANFFURFIO ANIFEILIAID

Daeth anffurfio anifeiliaid i sylw'r cyhoedd gyntaf yn UDA ar ddiwedd y 60au gyda chyfres o farwolaethau anifeiliaid mewn modd annaturiol, a hynny mewn amgylchiadau anarferol. Dechreuodd cyfnod newydd ym maes *UFOs* ar 9 Medi 1967 wrth i Harry King, ffermwr yn ne Colorado, ddarganfod corff Lady, caseg Appaloosa dair oed ei chwaer, yn farw nid nepell o'i dŷ.

Sioc iddo oedd darganfod nad marwolaeth naturiol oedd hon. Roedd pob tamaid o'r cyhyrau a'r croen wedi'i dynnu oddi ar ben y gaseg. Doedd dim golwg o'r ymennydd, madruddyn y cefn, y galon, yr ysgyfaint na'r chwarren thyroid. Yr hyn oedd yn anodd ei ddeall oedd diffyg gwaed o amgylch y corff ac nid oedd olion teiars unrhyw gerbyd o gwmpas. Ond yr elfen fwyaf anarferol oedd pa mor lân oedd y toriad i lawr croen y gwddf.

Doedd gan yr heddlu ddim syniad pwy na beth oedd yn gyfrifol am y fath anffurfio. Ond awgrymai natur yr anafiadau nad anifeiliaid ysglyfaethus na chwlt satanaidd oedd yn gyfrifol.

Ar ôl clywed fod nifer o adroddiadau am *UFOs* yn hedfan dros yr ardal drwy fisoedd yr haf, teithiodd patholegydd o Denver, Dr John Altshuler, yno i gael gweld drosto'i hun. Cafodd ganiatâd yr heddlu i archwilio corff y ceffyl, ffaith na ddaeth yn amlwg tan 1980, pan lwyddodd Linda Moulton Howe, gohebydd ymchwil, i'w gyf-weld ar gyfer ei rhaglen *A Strange Harvest* a ddarlledwyd ledled y wlad. Erbyn hynny roedd Dr Altshuler yn Ddirprwy Athro Meddygaeth Haematoleg a Phatholeg yn y Ganolfan Gwyddor Iechyd ym Mhrifysgol Colorado. Dyma'r hyn oedd ganddo i'w ddweud:

'Roedd croen y ceffyl wedi'i dorri o dop y gwddf i waelod y frest mewn un toriad uniongyth, glân. Sylwais ar liw tywyllach ar hyd ymyl y toriad fel petai'r cnawd wedi'i agor a'i selio wedyn gan lafn serio llawfeddygol. Roedd ymylon allanol y toriad yn galed, bron iawn fel petai laser wedi'i ddefnyddio. Torrais samplau o'r croen lliw tywyll, ac wrth edrych arnynt trwy ficrosgop yn ôl yn y lab, roedd newid i'w weld ar lefel y celloedd, tebyg i newidiadau a welir yn dilyn llosgi. Y peth mwyaf anhygoel oedd y diffyg gwaed. Rwyf i wedi ymgymryd â channoedd o awtopsïau, ac mae'n amhosibl torri drwy groen anifail heb golli gwaed.'

Hawdd iawn y gallai hwn fod yn unrhyw un o achosion tebyg a ddigwyddodd ers 1967. Nid yn unig ymhlith ceffylau ond hefyd wartheg, defaid, moch, anifeiliaid anwes ac anifeiliaid gwyllt. Ac fel yn achos y bobl a gipiwyd, mae'r dystiolaeth sylfaenol ym mhob achos yn debyg iawn. Yn fras, y prif nodweddion yw:

1. Diffyg gwaed. Weithiau byddai twll bychan yn y brif wythïen yn y gwddw (mae rhai pobl o'r farn mai pwrpas hyn oedd cael gwared ar y gwaed o'r corff).
2. Gwybodaeth soffistigedig o anatomi'r anifail.
3. Y defnydd o offer llawfeddygol soffistigedig iawn.
4. Diflaniad organau, yn arbennig yr ymennydd, y rectwm a'r organau rhyw.
5. Dim tystiolaeth o aflonyddu o gwmpas y corff.
6. Weithiau byddai esgyrn y coesau a'r cefn wedi'u torri mewn modd a awgrymai i'r cyrff gael eu gollwng o uchder.
7. Yn amlach na pheidio, gwelwyd *UFOs* yn ardal y digwyddiad ar y noson.
8. Gwelid hofrennydd du di-farciau yn yr ardal wedi'r digwyddiad.

Yn dilyn darllediad *A Strange Harvest*, daeth nifer o achosion eraill i sylw Linda Moulton Howe, a bellach mae yna nifer o ymchwilwyr yn astudio'r digwyddiadau hynny. Nid yw'r *FBI* yn derbyn tystiolaeth, er gwaethaf barn broffesiynol milfeddygon a'r heddlu, ac mae'r ymchwilwyr wedi darganfod fod y llywodraeth i'w gweld yn cadw golwg answyddogol ar y sefyllfa ond gwadu'n swyddogol eu bod yn ymwybodol o unrhyw broblem. Dywedwyd yn blwmp ac yn blaen wrth Howe gan asiant o'r *AFOSI* (*Air Force Office of Special Investigations*) fod ei raglen deledu wedi gofidio rhai pobl yn Washington, pobl nad oedd am weld y cyhoedd yn cysylltu anffurfiadau ac *UFOs*.

Wrth i wybodaeth am y ffenomenon yma ledaenu y tu hwnt i UDA, cysylltodd nifer o bobl a ffermwyr mewn gwledydd eraill â mudiadau ymchwil *UFOs* ac ymchwilwyr unigol i adrodd hanesion tebyg. Mae dau ymchwilydd amlwg yn y maes yma ym Mhrydain ac fe wnes i gysylltu â nhw i'w holi ymhellach am y pwnc. Mae Tony Dodd yn gyn-aelod o Heddlu Swydd Efrog ac wedi ymddeol wedi chwarter canrif o wasanaeth. Treuliodd bedair blynedd ar ddeg fel rhingyll ac yna fel ditectif-ringyll a defnyddiodd ei brofiad helaeth mewn methodoleg a hyfforddiant gyda'r heddlu i ymchwilio i'r maes.

Cychwynnodd ei ddiddordeb mewn *UFOs* wedi iddo weld un yn agos ac yn isel uwchben ei gar patrôl yn y 70au tra oedd ar ddyletswydd gyda chwnstabl arall. Ar y pryd roedd yn teithio rhwng pentrefi anghysbell Rhostir Swydd Efrog yn ystod oriau mân y bore. Gan fod Tony yn ymchwilio i bob agwedd ar *UFOs*, penderfynodd David Cayton, gŵr o Northampton, ymchwilio i achosion o anffurfio anifeiliaid yn unig. Esboniodd David wrthyf iddo ymddiddori yn y maes ers rhai blynyddoedd, a chyda chymorth patholegydd profiadol, A J (Tony) Freemont, Athro Patholeg Osteoarticwlaidd yn Ysgol Feddygaeth Prifysgol Manceinion, llwyddodd i hel digon o dystiolaeth i brofi nad oedd yr anifeiliaid anffodus hyn wedi marw o achosion naturiol o unrhyw fath.

Hwyrach mai un o'r ffeithiau mwyaf trawiadol iddo'i darganfod yw fod y Weinyddiaeth Amaeth, Pysgodfeydd a Bwyd (*MAFF*) i'w gweld yn ymwybodol o'r ffenomenon ac yn ymyrryd ar yr un llaw ac eto'n gwadu unrhyw wybodaeth ar y llaw arall.

Fel rhan o'i ymgyrch i gasglu mwy o wybodaeth, gosododd Cayton hysbyseb fach breifat yn y cylchgrawn *Farmers Weekly* yn gofyn i ffermwyr gysylltu ag ef os oedd rhywbeth tebyg wedi digwydd i'w hanifeiliaid. Wedi iddo dderbyn atebion ac ymchwilio i'r achosion hynny, anfonodd adroddiadau, lluniau a manylion patholegol at olygydd y cylchgrawn, a oedd wedi gofyn iddo wneud hynny. Derbyniodd lythyr yn cadarnhau fod ei ffeil wedi cyrraedd ac y byddai eu newyddiadurwr, Johann Taskers, yn paratoi stori newyddion o tua 200 gair ar y pwnc. Rai misoedd yn ddiweddarach derbyniodd ei ffeil yn ôl ynghyd â llythyr boneddigaidd gan olygydd yr adran storïau nodwedd David Cousins:

It certainly makes disturbing reading, but I feel it is a little too sensational for our readers. If definite proof can be found, we would definitely be interested in running something, but I guess that is some way off.

Er i hyn ei ddigalonni, atebodd Cayton gan ddweud mai pwrpas cyhoeddi erthygl o'r fath oedd codi lefel ymwybyddiaeth y gymuned ffermio ynghylch y ffenomenon ac y byddai hyn yn helpu i ddatgelu'r dystiolaeth gadarn y gofynnwyd amdani. Nid yw'r erthygl wedi'i chyhoeddi byth.

Beth bynnag, gwahoddwyd Cayton i gyfrannu at raglen deledu gan y BBC ym Manceinion. Ac er i ymchwilwyr y rhaglen fethu perswadio swyddog o *MAFF* i ddod i drafod y sefyllfa gyda Cayton, rhyddhawyd datganiad i'w ddefnyddio ar y rhaglen:

The series of animal mutilations have been very distressing for the farmers involved and the majority of these incidents have been reported to the police as very serious incidents and are being dealt with by them at present. As a result, it is not for the Ministry of Agriculture, Fisheries and Food to pass comments on these incidents as they are being handled by the relevant authorities.

Roedd hi'n ymddangos bod y datganiad yn arwydd o newid safbwynt gan *MAFF*. Cyn hynny, yr unig ddatganiadau a wnaethpwyd oedd gwadu unrhyw wybodaeth o'r ffenomenon, neu gynnig rhesymau naturiol i'w esbonio. Roedd y datganiadau mwy diweddar yn dangos yn glir fod *MAFF*, adran swyddogol o'r Llywodraeth, yn cydnabod fod marwolaethau erchyll yn digwydd ond gan ychwanegu nad oeddynt yn gwneud unrhyw beth uniongyrchol i ddatrys y broblem. A phwy, tybed, yw'r *relevant authorities*?

Ar 19 Hydref 1998, darganfu ffermwr ('John'), fod dwy o'i ddefaid yn farw mewn cae ar ei fferm yn Northampton. Gyda'i reolwr stoc, a swyddog rheoli plâu a oedd yn gweithio ar y fferm ('Peter'), sylwodd y tri ar anafiadau anarferol ar y cyrff. Roedd yr organau rhyw wedi'u tynnu mewn modd llawfeddygol, y rectwm wedi'i dynnu'n lân o'r corff gan adael twll mawr pedair modfedd mewn diamedr, a'r organau mewnol wedi'u tynnu drwy'r twll. Nid oedd gwaed o gwbl o gwmpas y cyrff nac ar wlân yr anifeiliaid. Gadawyd y cyrff mewn beudy nes penderfynu beth i'w wneud â nhw.

Y bore trannoeth roedd John wedi cychwyn am Swydd Gaerlŷr ar fusnes pan gyrhaeddodd dau ddyn y fferm a chyflwyno'u hunain i'r dyn stoc drwy ddangos cardiau adnabod gwyrdd yn nodi eu bod yn swyddogion o *MAFF*. Eu neges oedd iddynt ddod i nôl cyrff y defaid.

Meddyliodd y dyn stoc ei bod hi'n beth rhyfedd nad oedd John wedi sôn wrtho am hyn. Yn wir, credai nad oedd neb ond y tri a ddarganfu'r cyrff yn ymwybodol ohonynt. Beth bynnag, fe fu'n helpu'r ddau swyddog i lwytho'r cyrff i gist eu car a gwyliodd nhw'n gadael.

Pan gyrhaeddodd John adref, fe wylltiodd am nad oedd y swyddogion wedi cysylltu ag ef ymlaen llaw i wneud trefniadau, ac yn waeth fyth, heb adael unrhyw fath o waith papur i gadarnhau bod *MAFF* wedi cymryd meddiant o'r cyrff. Heb gadarnhad ar bapur, ni fyddai'n bosibl hawlio iawndal, os byddai angen, gan *MAFF*. Ym marn Peter, roedd hyn yn gyfystyr â lladrata. Gofynnodd i Peter ffonio'i frawd, a oedd yn Brif Arolygwr gyda Heddlu Rhydychen, i ofyn iddo gysylltu â *MAFF* er mwyn gosod cwyn swyddogol ger eu bron.

Ffoniodd y Prif Arolygwr swyddfeydd *MAFF*, lle gwadwyd unrhyw wybodaeth o'r digwyddiad. Gwadwyd hefyd i'r swyddogion ymweld â'r fferm. Ond, meddai'r Prif Arolygwr, fe ddangoswyd cardiau adnabod *MAFF* i'r dyn stoc, ac roedd y digwyddiad bellach yn rhan o ymholiad swyddogol gan yr heddlu i achos o ladrata. Daeth swyddog uwch at y ffôn ac esboniodd fod popeth mewn trefn. Sicrhaodd yr heddwas y byddai'r ffermwr yn derbyn iawndal am ei golled. Yna, trodd braidd yn ymyrgar gan ychwanegu, *'This is not a police matter.'*

Gwylltiodd y Prif Arolygwr a dywedodd wrtho y bwriadai ddilyn yr ymholiad i'r eithaf oni bai i'r ffermwr dynnu' r gŵyn yn ôl. Wrth glywed hyn, cafodd ei rybuddio nad oedd i archwilio'r achos, ac os y byddai'n parhau, y byddai'r Weinyddiaeth yn cysylltu ag awdurdod uwch i'w rwystro. Doedd y Prif Arolygwr ddim yn hapus iawn ond, yn wir, o fewn dwy awr iddo wneud yr alwad, cafodd ei alw o flaen ei well a gorchmynnwyd iddo gau'r ymchwiliad.

Mae'r hanes yma yn dangos yn glir bod gan *MAFF* awdurdod i weithredu'n uniongyrchol, ac mewn ffyrdd pwerus sydd uwchlaw'r gyfraith, yn y fath amgylchiadau. A hyn wedi blynyddoedd o wadu unrhyw wybodaeth am y ffenomenon. Wrth geisio cloriannu ymddygiad *MAFF*, un peth a oedd yn boen i John oedd dyfalu sut y cawson nhw wybod am y marwolaethau. Wedi'r cwbl, roedden nhw'n casglu'r cyrff o fewn pedair awr ar hugain i'r digwyddiad.

Meddyliodd yn ôl yn ofalus, a chofiodd iddo weld golau yn hedfan uwchlaw'r cae tua phedair noson cyn y digwyddiad. Ugain munud yn ddiweddarach fe hedfanodd dau hofrennydd lliw tywyll heb unrhyw farciau arnynt, yn isel a chyflym uwchlaw'r man lle gwelwyd y golau. Mae ymchwilwyr o UDA yn gyfarwydd â derbyn adroddiadau fel hyn mewn achosion tebyg. Darganfuwyd hefyd fod cyrff anifeiliaid sydd wedi'u hanffurfio wedi'u marcio â stribed uwchfioled ar hyd eu cefnau. Credant mai marc i'w hadnabod yw hwn, wedi'i osod ychydig ddyddiau cyn yr anffurfio i'w gwneud hi'n haws gweld yr anifeiliaid o'r awyr â'r offer priodol. Yn ôl David Cayton a Tony Dodd, mae'r cyrff a ddarganfuwyd ym Mhrydain yn cael eu cymryd gan swyddogion *MAFF* cyn i ymchwilwyr annibynnol fedru profi hyn.

Er ei bod hi'n ymddangos bod y broblem yn effeithio ar ardaloedd amaethyddol ledled Prydain, dim ond un achos sydd i'w weld wedi'i gofnodi yng Nghymru a hoffwn ddiolch i Tony Dodd am ei ganiatâd i'w adrodd. I barchu dymuniadau'r ffermwr dan sylw, nid wyf yn ei enwi ef na'i ardal.

Yn ystod 1997 cafwyd sawl achos o anffurfio ymhlith gwartheg ar y fferm hon yn ne Cymru. O ganlyniad, dechreuodd y ffermwr aros ar ei draed gyda'r nos i gadw golwg ar y sefyllfa. Un nos clywodd sŵn, ac wrth fynd drwy'r drws gwelodd ddau lygad coch llachar ynghanol perth tua 30 llathen oddi wrtho, a thua thair troedfedd uwchben y llawr. Syllai'r llygaid arno heb amrantu a gwyddai'r ffermwr yn ei galon mai hwn oedd y creadur a fu'n gyfrifol am y niwed i'w warpheg. Ond doedd y fath lygaid ddim yn perthyn i unrhyw anifail y gwyddai amdano. Ar ôl ychydig eiliadau, diflannodd y llygaid ond fe gymerodd rai oriau i'r ffermwr fagu digon o blwc i fynd i archwilio'i warpheg. Pan wnaeth hynny, darganfu anifail marw arall.

Mae gan Tony Dodd lun o'r anifail anffodus. Mae'r dannedd uchaf yn sownd wrth yr ên isaf a'r coesau wedi eu torri mewn ffordd sy'n awgrymu cwymp o uchder. Yr unig dwll yn y corff oedd un bychan yn mesur llai na thair modfedd. Tynnwyd nifer o'r prif organau drwy'r twll hwnnw. Roedd y llygaid, y clustiau a'r tafod wedi'u tynnu mewn modd clinigol a phowdr gwyn i'w weld o gwmpas y corff. Yn ôl llygad-dystion, roedd y powdr yn taflu goleuni fflworoleuol gwan. Dadansoddwyd sampl ohono mewn labordy prifysgol yn Lloegr, a darganfu gwyddonydd yno fod y cyfuniad o gemegau ynddo yn debyg i'r hyn a geid ar weddillion corff dynol a oedd wedi llosgi.

Gwrthododd y ffermwr gysylltu â'r awdurdodau. Ei brif bwrpas yw gwneud bywoliaeth, a'r peth olaf y mae ei eisiau yw cael heddlu, gwyddonwyr a milwyr yn crwydro'i dir. Does ganddo ddim amheuaeth nad creadur naturiol fu'n gyfrifol am ladd ei warpheg a dwyn yr organau. Mae'r un mor sicr nad sadistiaid dynol a fu'n gyfrifol. Mae'n ddyn pragmatig sy'n teimlo nad yw'n bosibl iddo ef, na'r awdurdodau chwaith, wneud unrhyw beth ynglŷn â'r mater. Ac mae'n ddigon parod i sgwrsio â Tony Dodd a'i ymchwilwyr ar yr amod na chaiff ei enwi.

Pa gasgliadau all rhywun eu tynnu o'r wybodaeth hon, sy'n rhan fechan yn unig o broblem sy'n gyffredin yn fyd-eang? Ydi *MAFF* yn gwybod beth sy'n digwydd? Os ydyn nhw, pam cadw'r wybodaeth yn gyfrinachol? Os nad ydyn nhw, pam na wnân nhw ymchwilio i'r pwnc er mwyn dod o hyd i'r gwir?

Yn absenoldeb gwybodaeth oddi wrth yr awdurdodau, yr unig esboniadau a gynigir yw'r rhai gan bobl a gipiwyd, sydd o'r farn fod y ffenomenon ynghlwm â rhaglen croesfridio'r estroniaid. Dyfalu pur, yn fy marn i, yw'r honiadau gan rai mai asiantaethau milwrol-wyddonol cyfrinachol sy'n gyfrifol. Er y byddai hynny'n esbonio presenoldeb hofrenyddion milwrol, nid yw'n gwneud llawer o synnwyr. Mae gan yr asiantaethau milwrol a'r gwasanaethau cudd-wybodaeth fynediad at yr adnoddau gorau posibl. Mae digon o fannau diogel lle gellid cynnal y fath brofion, a hynny ymhell o lygaid y cyhoedd.

Wrth edrych ar y pwnc ar y lefel symlaf, synhwyrol, ac o ystyried *UFO* yng ngwir ystyr y term – sef disgrifiad o strwythur dieithr a welir yn yr awyr – gellid creu senario credadwy i esbonio'n rhannol yr hyn sy'n digwydd. Mae gwahanol asiantaethau'n gwybod beth yw nodweddion ymosodiad; mae'r dystiolaeth yn awgrymu'n gryf mai o'r awyr y daw'r bygythiad. Felly, mae'n bosibl fod dyfodiad *UFO* yn cael ei olrhain ar radar. Dangosais eisoes ei bod hi'n bosibl gwneud hyn ar brydiau.

Erbyn i'r hofrenyddion gyrraedd, mae'r *UFO* wedi symud ymlaen gan eu gadael i hedfan yn isel a chyflym ar ei ôl. Fy nadansoddiad i yw fod rhywun yn rhywle yn gwybod *beth* sy'n digwydd ond ddim, efallai, y rheswm *pam*. Fe fyddai hyn yn esbonio'r defnydd o hofrenyddion, gyda'u gallu i hofran, er mwyn gwylio'n ofalus yr hyn sydd yn digwydd – neu wedi digwydd – o safle agosach.

Fe'n darbwyllir hefyd nad oes polisi o geisio saethu'r llongau gofod i lawr gan awyrennau amddiffyn. Pam? Fe all y rheswm am hyn fod mor syml â'r ffaith y byddai'n amhosibl gwadu bodolaeth *UFOs* petai'r Awyrlu yn llwyddo i saethu un i'r ddaear, a hynny o bosibl mewn lle poblog. Ond cyn belled ag y mae dod o hyd i gymhelliad ar gyfer y gweithgareddau hyn, rhaid cyfaddef nad oes gen i mo'r syniad lleiaf.

Pennod 6

YMWELWYR Â CHYMRU

Hyd yma, ceisiais gyflwyno hanes a chefndir yr *UFO* yn nhermau ffenomenon byd-eang gan gynnwys rhai enghreifftiau o Gymru er mwyn cadw persbectif ar y cyfan. Wrth droi at ddigwyddiadau yng Nghymru, er nad oes gennym byramid, a dim *Vimana* na lluniau o hofrenyddion hynafol wedi'u cerfio ar safleoedd Celtaidd, mae yna gofnodion lu o welediadau a digwyddiadau rhyfedd o fewn ffiniau ein gwlad.

Yr hanes cynharaf o welediad anesboniadwy i mi ei ddarganfod yng Nghymru hyd yma yw un yn dyddio o gyfnod y 12fed ganrif mewn llawysgrif hynafol gan Sieffre o Fynwy. Rhwng tua 1129 a 1150, roedd Sieffre yn Ganon yng Ngholeg Sant Siôr yn Rhydychen a throswyd a chyfieithwyd 'Hanes Brenhinoedd Prydain' ganddo tua 1138.

Derbyniodd Sieffre lawysgrif hynafol o Gymru gan Wallter, Archddiacon Rhydychen. Roedd wedi'i ddarganfod tra oedd yn crwydro Llydaw yn ystod teyrnasiad Harri'r Cyntaf, brenin Lloegr. Mae'r llawysgrif yn adrodd hanes brenhinoedd Prydain cyn dyfodiad y Saeson. Fe'i hysgrifennwyd yn yr iaith Frytanaidd ac fe'i cyfieithwyd i'r Lladin gan Sieffre. Ar y pryd roedd Uthr Bendragon, brenin yr Hen Gernyw a darpar dad y Brenin Arthur, yn rhyfela yn erbyn Guintmias, pennaeth tylwythol y Sacsoniaid oedd newydd dwyllo a lladd ei frawd. Dywed y llawysgrif:

'Tra oedd hyn yn digwydd yng Nghaer-wynt, ymddangosodd seren o'r faint a'r disgleirder rhyfeddol ac un pelydryn yn ymestyn ohono. Ar eithaf y pelydryn hwn yr oedd pelen o dân ar ffurf draig, ac o enau'r ddraig ymestynnai dau baladr o oleuni, y naill, yn ôl pob golwg, dros wlad Gâl yn ei hyd a'r llall yn troi dros Fôr Iwerddon ac yn ymrannu'n saith pelydryn llai.'

Ai comed a welodd yr awdur? Gan obeithio cael esboniad,

ysgrifennais at Adran y Gymraeg ym Mhrifysgol Cymru Aberystwyth lle bûm yn ddigon ffodus i gael enw a chyfeiriad un sy'n arbenigo ar y pwnc, sef Brynley F Roberts. Bu'n ddigon caredig i ateb fy ymholiad drwy lythyr:

'Pwnc dadleuol yw faint o sail sydd i'r hyn a ysgrifennwyd gan Sieffre. Honna iddo dderbyn gan Wallter hen lawysgrif o Gymru neu o Lydaw (mae modd deall y Lladin y naill ffordd neu'r llall) yn adrodd hanes brenhinoedd Prydain, a hynny yn yr iaith Frytanaidd (Cymraeg neu Lydaweg) ac iddo ef ei chyfieithu i'r Lladin. Go brin fod hyn yn llythrennol wir, er ei bod yn ddigon posibl fod ganddo ddefnyddiau'n tarddu o Lydaw ac o Gymru, ond wyddom ni ddim faint a ychwanegodd Sieffre at ei ffynonellau, nac i ba raddau y lluniodd ef hanesion ei hun. Nid oes modd gwybod a oedd hanes y "seren" yn ei ffynhonnell, ai o ryw ffynhonnell arall y cafodd ef, ai ef ei hun sydd wedi llunio'r hanes. Ond y naill ffordd neu'r llall, y mae'n amlwg fod cofnod neu atgof am "feteor", neu hyd yn oed un cyfoes, yn sail i'r hanesyn, beth bynnag oedd y cyd-destun a roddodd Sieffre iddo.'

Yr unig gasgliad pendant y gall rhywun ddod iddo, felly, yw fod y cofnod o ddigwyddiad nefol, fwy na thebyg, yn wir. Ond nid yw'n bosibl profi ffynhonnell yr hanesyn. Mae hyn yn nodweddiadol o ffenomenon yr *UFO* hyd heddiw, gyda hanesion sydd ond ychydig o flynyddoedd oed yn anodd i'w priodoli i ffynhonnell arbennig.

Ar ddiwedd y 18fed ganrif, cofnodwyd gwelediad anarferol gan offeiriad ar Ynys Môn. Adroddwyd yr hanes yn fras yn yr *Holyhead and Anglesey Mail* yn 1998 wedi i hen gofnodion plwyf gael eu darganfod.

Roedd gwas fferm allan yn y caeau pan welodd wrthrych a oedd, meddai, yn debyg i long hwylio o'r cyfnod yn llithro'n hollol ddistaw uwch ei ben i gyfeiriad y gorllewin. Yn amlwg, nid oedd na llu awyr na gwasanaeth heddlu yn bodoli ar y pryd. Adroddodd yr hanes, felly, wrth yr offeiriad lleol. Ac ef a'i nododd yn llyfr cofnodion y plwyf.

Ceir sawl adroddiad am oleuadau rhyfedd yn ardal Egryn, Sir Feirionnydd, yn dyddio'n ôl i 1905. Yn ganolog i'r hanesion mae Mary Jones. Nid y ferch a gerddodd i'r Bala i nôl Beibl, ond Mary Jones a drigai ganrif yn ddiweddarach.

Roedd Mrs Jones yn bregethwraig ym mhentref Egryn adeg y Diwygiad. Cyhoeddodd y *Bala Advertiser* nifer o erthyglau yn adrodd hanesion am oleuadau rhyfedd a welwyd yn yr ardal gan awgrymu eu bod yn gysylltiedig â dwyfoldeb Mary.

Bu'r papur yn cyf-weld pregethwr lleol, y Parchedig H D Jones, ar 13 Mawrth 1905. Soniodd am achlysur pan aeth yng nghwmni Mary i gyfarfod crefyddol yn ardal Llanbedr pan welwyd pethau rhyfedd iawn.

'Wedi teithio cryn dipyn,' meddai, 'ymddangosodd y golau rhyfedd yn sydyn yng nghanol y lôn, ychydig lathenni o flaen y car lle chwaraeodd, weithiau o'n blaen, ac weithiau y tu ôl. Wrth gyrraedd y groesffordd, lle mae'r lôn i Egryn yn troi'n sydyn i'r chwith, nid aeth y golau yn syth yn ei flaen, ond trodd i gyfeiriad Egryn, gan aros y tu blaen i'r car. I fyny i'r adeg yma, roedd wedi bod yn un golau sengl, ond wedi trafaelio tipyn ar hyd lôn Egryn, ymddangosodd fel pêl fechan goch o dân, gyda dwy olau wen yn dawnsio o'i chwmpas. Arhosodd y golau coch yn llonydd yn yr awyr am beth amser, gyda'r ddwy wyn yn hedfan o'i gwmpas. Yn y cyfamser, roeddem wedi teithio yn ein blaenau, gan adael y goleuadau ar ôl. Cyfunodd y goleuadau yn ôl yn un golau, a rhuthrodd hwnnw ar ôl y car, gan ei basio. Fel hyn y gwelsom ni'r golau, am dros filltir o'n siwrnai.'

Cyhoeddwyd adroddiad arall yn yr un papur, y tro hwn ar 16 Chwefror 1905 gan un o'r newyddiadurwyr, Beriah G Evans. Disgrifiodd ei brofiad o gerdded i gyfarfod crefyddol yng nghwmni Mary Jones a thri o'i ddilynwyr:

'Wedi i ni gerdded dros filltir ar hyd y lôn, gwelais dair pelydren lachar o olau yn taro ar draws y lôn o'r mynydd i'r môr, gan oleuo'r wal gerrig, a oedd rhyw dri deg i ugain llath o'n blaenau mor blaen, nes oedd yn bosibl gweld pob carreg yn glir o'i mewn. Nid oedd yr un enaid byw na thŷ yn agos i esbonio o le y daeth. Hanner milltir ymhellach, ymddangosodd golau coch lliw gwaed, tua hanner troedfedd uwch y llawr yng nghanol stryd fawr y pentref, ychydig o'n blaenau. Ddywedais i ddim nes cyrraedd safle'r golau yma, pryd diflannodd y golau coch mor annisgwyl ac mor hynod â'i ymddangosiad.

'"Mrs Jones," dywedais, "os nad wyf yn camgymryd, mae'ch golau yn dal yn ein cwmni."

"Ydy," atebodd hithau. "Ddywedais i ddim byd er mwyn gweld a oeddech chi wedi sylwi eich hun." Yna, er mawr syndod i mi, dysgais nad oedd y tri chyfaill arall yn ein cwmni wedi ei weld. Hwn, yn syml, yw stori fy mhrofiad. Ni ymdrechaf i esbonio paham mai dim ond fi, ar wahân i Mrs Jones, a welodd y golau.'

Mae adroddiad mwy confensiynol yn rhifyn 23 Chwefror y *Barmouth Advertiser* mewn llythyr gan ddarllenwr a'i galwodd ei hun yn 'Miner'.

'Am 11.48 yr hwyr ar ddydd Sadwrn yr 11eg, roeddwn yn cerdded i gyfeiriad y de wrth bentref Llywyon. Roedd yn hollol gymylog, a sylwais yn awyr y de ar feteor mawr yn pasio o'r gorllewin i'r dwyrain. Cyrhaeddodd ei lewyrch mwyaf uwchben y Bermo, lle disgynnodd tair neu bedair pêl o dân oddi ar y prif gorff. Ymddangosai llewyrch y peli mor gryf, nes iddynt edrych yn rhyfeddol o grand, ac mor olau nes i mi weld y tirlun o 'nghwmpas yn gliriach na thrwy olau'r lleuad. Roedd ehediad y meteor yn fwy gwastad drwy'r awyr, ac yn fwy llachar o lawer nag unrhyw feteor i mi ei weld cynt.'

Adroddwyd hanesion pellach yn *The Advertiser* ar 30 Mawrth 1905 yn sôn am bobl leol yn gweld bodau, sy'n atgoffa rhywun am hanesion y *Men in Black* o'r 50au ymlaen, pobl ryfedd mewn siwtiau duon a honnai eu bod nhw'n cynrychioli un o asiantaethau'r llywodraeth. Byddent yn ymddangos i'r bobl a oedd yn hawlio iddynt gael cysylltiad gydag estroniaid arallfydol. Wedi iddynt holi'r bobl, byddent yn eu rhybuddio rhag sôn am y profiad wrth neb.

Dyma hanesyn arall yn achos Mary Jones:

'Wrth ddychwelyd adref un noson, ymhell wedi hanner nos, ffarweliodd Mary â'r gyrrwr wrth ben y lôn a arweiniai i'w ffermdy. "Mi ddaw fy mrawd i 'nghyfarfod pan ddof adre'n hwyr," meddai wrtho, gan ychwanegu, "A dyma fo", gan bwyntio at siâp dyn oedd i'w weld yn agosáu at y car. Gyrrodd y car i ffwrdd, ac aeth Mary i gyfarfod ei brawd, fel y meddyliai, gan alw ei enw. Edrychodd y ffigwr yn ôl dros ei ysgwydd tuag ati, a sylweddolodd ar unwaith nad ei brawd oedd yno. Dechreuodd Mary ganu emyn, ac wrth glywed hyn, arhosodd y dyn a throi tuag ati gan newid yn gi du, enfawr. "Ac yna," meddai Mary, "roeddwn yn gwybod mai'r Diafol ei hun oedd yno. Gweddïais yn uchel, ac wrth i mi wneud hyn, fe ruthrodd gan sgrechian i'r bryncyn yna".'

Efallai fod Mary yn seicic, ac wedi gweld ysbryd.

Mae yna lawer o hanesion am gi du sy'n gysylltiedig â straeon ysbryd yng Nghymru. Ond mae'r erthygl yma'n sôn hefyd am ddigwyddiad sy'n debyg iawn i straeon y cysylltwyr a'r rhai a gipiwyd yn oes fodern yr *UFOs.*

'Mae yna ferch ifanc yn byw yn y gymdogaeth, o dras y werin, sydd â gallu rhyfeddol. Ar dair noson yn olynol mae dyn mewn gwisg ddu wedi ymweld â hi. Mae'r ffigwr yma wedi trosglwyddo neges i'r ferch, ond wedi ei rhybuddio i beidio â'i ailadrodd wrth neb.'

Yn dilyn yr holl ddigwyddiadau, penderfynodd y *Barmouth Advertiser* gynnal ymchwil i geisio darganfod a oedd pethau tebyg wedi digwydd o'r blaen yn hanes yr ardal. Fe wnaethon nhw ddod o hyd i adroddiad diddorol yn *Morden's Atlas for Wales,* cyfrol a gyhoeddwyd ym 1805.

'Tis credibly reported that in the year 1692 a fiery exhalation was seen to cross the sea and set fire to ricks of hay, corn and barns near Harlech, and to infect grass, but it was not dangerous to men though they stood in the midst of it. It proceeded in the night from the same place for some months, commonly on Saturday and Sunday. The only remedy to extinguish it and drive it away was to sound horns and trumpets or discharge guns.

Rhaid cyfaddef fod y ffordd y mae'r awdur wedi geirio'i adroddiad yn ei gwneud hi'n amhosibl i geisio gwneud synnwyr ohono. Ni ddylem dderbyn adroddiad a gofnodwyd ym 1805 o ddigwyddiad ym 1692 fel tystiolaeth gadarn o'r hyn a ddigwyddodd mewn gwirionedd. Serch hynny, mae'n ymddangos fod pethau rhyfedd wedi eu gweld a'u cofnodi yn y gorffennol pell.

Ond beth allwn ni ei gasglu o'r adroddiadau hyn? Gallwn ddweud yn eithaf sicr mai gwibfaen oedd un gwelediad. Ond rhaid dweud fy mod i, beth bynnag, yn ei chael hi'n amhosibl esbonio'r lleill. Mae rhai wedi cyffelybu'r goleuadau i straeon gwerin Cymreig am y Cyhyraeth. Wrth wneud fy ymchwil ar gyfer y gyfrol hon troiais at *The Encyclopaedia of the Celts* gan Knud Mariboe, a dyma'i ddisgrifiad:

'[kerher'righth] Ffurf Gymreig yr "Highland Caoineag" (*the Weeper*). Yn wahanol i'r Gwrach Rhibyn, nis gwelir yn aml, ond clywir griddfan cyn marwolaeth, yn enwedig marwolaethau lluosog drwy afiechyd neu drychineb'. Yn *British Goblins* mae Sikes yn rhoi sawl enghraifft o straeon llafar am y Cyhyraeth. Disgrifiwyd y twrw a wnaent gan ŵr o'r enw Joseph Coslet o Sir Gaerfyrddin. Dywedodd fod y sŵn yn gyfarwydd yn yr ardal ar hyd afon Tywi ac fe'i disgrifiodd fel hyn:

. . . a doleful, disagreeable sound heard before the deaths of many, and most apt to be heard before foul weather. The voice resembles the groaning of sick persons who are to die; heard at first at a distance, then comes nearer, and the last near at hand; so that it is a threefold warning of death. It begins strong, and louder than a sick man can make; the second cry is lower, but not less doleful, but rather more so; the third yet lower, and soft, like the groaning of a sick man spent and dying.'

Yn debyg i'r *Banshee* Gwyddelig, clywir cri'r Cyhyraeth os bydd i rywun lleol farw oddi cartref. Mae hanesion am y Cyhyraeth ar hyd arfordir Sir Forgannwg, yn crwydro ar hyd y môr cyn llongddrylliad. Yn yr achosion hyn, ceir hefyd olau tebyg i olau cannwyll a osodir yn ymyl corff marw. Mae yna debygrwydd yma i hanesion *Will o' the Wisp*, neu Gannwyll Gorff, lle mae'r golau yn rhag-weld taith corff o'r tŷ i'r eglwys cyn claddedigaeth. Fel rheol, mae'r Cyhyraeth yn llais di-gorff ac anweledig.

Tybed ai ffynhonnell ysbrydol oedd y tu cefn i'r goleuadau anghyffredin a welwyd yn ardal Egryn yn hytrach na rhywbeth arallfydol?

1950

Soniais am brinder dogfennau swyddogol yn dyddio cyn 1963, ond mae un ffeil sydd wedi para o'r 50au i'w gweld yn yr Archifdy Gwladol. Mae'n cynnwys adroddiad a dderbyniwyd gan rywun a oedd yn treulio prynhawn o'i wyliau yn torheulo ar draeth Penmaenmawr yng Ngwynedd.

Rhif ffeil *PRO-AIR 16/1199*. Ar brynhawn heulog ar 26 Gorffennaf 1950 gorweddai'r tyst ar ei gefn pan sylwodd ar adlewyrchiad yr haul yn sgleinio oddi ar ryw wrthrych lliw arian, siâp cylch a di-adenydd. Roedd ei uchder tua 10,000 troedfedd ac roedd yn hollol ddistaw. Llithrodd yn araf ar draws yr awyr o gyfeiriad y gogledd-orllewin i gyfeiriad Ynys Môn, a hynny yn erbyn y gwynt. Ni chafwyd unrhyw esboniad swyddogol am yr hyn a welwyd.

1963

Ymddangosodd hanesyn yn y *South Wales Evening Post* ar 23 Awst 1963 yn dyfynnu rheolwr banc yn ninas Abertawe:

'Gan ddal i amau a oedd yn gallu credu ei lygaid, dywedodd Mr W D Evans wrthyf heddiw am wrthrych rhyfedd iddo ei weld yn yr awyr uwch Bae Langland ychydig wedi hanner nos. "Roedd mor fawr â bws deulawr, ei siâp fel sglefren fôr ac yn dangos golau lliw coch-oren a oedd yn pwlsio. Fe deithiodd yn ddistaw o'r dwyrain i'r gorllewin ar gwrs cadarn ar gyflymdra o rhwng 40 a 60 milltir yr awr ac ar uchder o rhwng 2,000 a 3,000 troedfedd". Yna fe wenodd gan ychwanegu, "Doeddwn i ddim wedi bod yn yfed. Roedd e'n brofiad ffantastig. Wrth edrych yn ôl, mae'n anodd credu iddo ddigwydd. Roedd e'n rhyfeddol o annaearol".'

Creodd hyn gymaint o argraff ar Mr Evans, a oedd yn gynswyddog rheoli gweithgareddau gyda'r *RAF*, nes iddo ffonio i roi disgrifiad manwl i'r heddlu. Gwelwyd y gwrthrych gan bedwar tyst arall, dau ohonynt yn yrwyr tacsi. Dywedodd un o'r rhain ei fod yn credu iddo weld fflach argyfwng a laniodd ar draeth Southend. Ond er i'r heddlu archwilio'r traeth, ni ddaethant o hyd i unrhyw beth. Cysylltodd yr heddlu â'r *RAF*, ond doedd y rheiny ddim wedi derbyn unrhyw adroddiad am awyren mewn trafferth na galwadau gan neb a oedd wedi gweld fflach argyfwng.

Holwyd Gwylwyr y Glannau a oedd ar ddyletswydd ar y pryd, ond ni welsant unrhyw beth anarferol. Yn ôl yr adroddiadau a dderbyniodd yr heddlu, roedd hi'n amlwg i'r gwrthrych deithio i gyfeiriad y môr. *In our view*, meddai llefarydd, *it was a rocket or flare fired by some unauthorised person. There was no distress flare that night.*

Hwyrach nad oedd yn fflach argyfwng. Ond roced? Sut oedd hi'n bosibl nad oedd unrhyw un o fewn y gyfundrefn amddiffyn o gwmpas gwledydd Prydain wedi sylwi ar roced a oedd yn hedfan tuag at ddinas fel Abertawe? Os nad oedd gan yr awdurdodau ateb i'r hyn a welwyd, pam na fuasen nhw'n cyfaddef hynny?

1965

Roedd hanes am 'fin sbwriel yn hedfan' yn y *Western Mail* ar 26 Tachwedd 1965. Mae'n debyg fod gweld peth o'r fath wedi achosi i drafnidiaeth Caerdydd stopio'n stond, gyda'r gyrwyr yn gadael eu cerbydau i wylio gwrthrych coch, crwn yn saethu dros y brifddinas. Meddai Mr John Griffiths, peiriannydd o ardal Birchgrove:

'Roeddwn yn gyrru ar hyd lôn Heathwood pan welais i'r peth. Stopiodd llawer o bobl eu ceir a chamu i'r lôn i'w weld yn well. Roedd yn symud yn araf iawn pan welais i ef, a bûm yn gwylio'r peth am tua phedair munud. Ymddangosai fel bin sbwriel enfawr ac roedd tân coch o'i gwmpas.'

Galwodd Mr Griffiths faes awyr y Rhws (Maes Awyr Caerdydd bellach) i holi pa mor uchel oedd y cymylau ar y pryd. Roedd y cymylau ar uchder o 500 troedfedd, felly roedd y gwrthrych yn hedfan yn is na hynny gan brofi nad gwibfaen na lloeren a welwyd. Ffoniodd rhywun arall swyddfa'r *Western Mail* i adrodd yr hanes gan ddweud fod y gwrthrych yn debyg i leuad fach.

'Roedd y gwrthrych yn anarferol o fawr,' meddai, 'ac yn hedfan ar gyflymdra anhygoel. I gychwyn, rown i'n meddwl mai balŵn neu gomed oedd yna. Ond, wrth edrych arno drwy bâr o finocwlars, fe welais ei fod e'n berffaith grwn a heb adenydd na chynffon.'

Cynhaliodd y papur ei ymchwiliad ei hun. Doedd gan faes awyr y Rhws yr un esboniad a gwadodd y Llu Awyr ym Maes Awyr Sain Tathan iddynt weld unrhyw beth allan o'r cyffredin ar eu setiau radar.

Cofnodwyd achos arall gan y *Liverpool Echo* ar 15 Rhagfyr, dan y pennawd *Plane in sea off Rhyl*. Yn dilyn nifer o adroddiadau am awyren anarferol a oedd wedi disgyn i'r môr, lansiwyd bad achub y Rhyl a hofrennydd o'r Fali. Darlledwyd neges frys drwy gyfrwng radio i longau a chychod yn yr ardal yn gofyn iddynt edrych am olion neu griw. Nododd Gwylwyr y Glannau mai'r ardal dan sylw oedd honno rhwng dau fae'r gogledd a'r de oddi ar arfordir y Rhyl. Lansiwyd cwch peilot y bar, y *Sir Thomas Brocklebank*, i gynorthwyo'r chwilio.

Ond yn adran *Stop Press* yr un cyhoeddiad mae erthygl fer o dan y pennawd: *Plane crash search off. Search between Rhyl and Llandudno this afternoon for plane thought to have crashed into the sea called off after Ministry of Defence spokesman said no aircraft missing.*

Yr hyn sy'n rhyfeddol yw fod pobl wedi gweld rhywbeth anarferol, a'u bod yn tybio iddynt weld awyren yn disgyn i'r môr. Ond os nad awyren oedd yno, beth oedd y gwrthrych? A pham na ddaeth unrhyw olion i wyneb y môr neu i'r lan?

1966

Am ddeg munud wedi naw, nos Wener 17 Ionawr, gwelwyd gwrthrych anarferol yn teithio uwchben Bethesda, Gwynedd. Ffoniodd nifer o'r trigolion y Llu Awyr yn y Fali i adrodd fod rhywbeth a oedd i'w weld yn glir, ar ffurf côn ac o liw arian, yn llithro heibio'n ddistaw i gyfeiriad Ynys Môn. Fe'i gwelwyd gan reolwyr traffig awyr milwrol yno. Yn wir, fe ddaeth tuag at y maes awyr gan basio heibio i'r tŵr rheoli. Fe'i gwelwyd yn glir gan bob aelod o staff oedd ar ddyletswydd.

Er bod adroddiad am y digwyddiad mewn bodolaeth – Ffeil rhif *PRO-AIR 2/17983* – does dim gwybodaeth bellach sy'n nodi a gafodd y gwrthrych ei dracio gan radar, a lansiwyd awyren, nac a fu ymchwiliad. Ac os bu ymchwiliad, beth oedd y casgliadau?

Nid dyma'r cysylltiad olaf rhwng y Fali a gwrthrychau anarferol. Ar 23 Mai, collwyd awyren *Gnat* o 4FTS (Ysgol Ymarfer Hedfan) y Fali a oedd yn hedfan ar uchder o 200 troedfedd uwch Llyn Celyn ger y Bala. Mae'n debyg fod y peilot, y Swyddog-Breifat T W Jones, 19 mlwydd oed, yn hedfan yn isel iawn ar ei ben ei hun pan drawodd yn erbyn gwrthrych yn yr awyr.

Torrwyd canopi'r awyren a bu'n rhaid i'r peilot ei daflu ei hun o'r awyren. Hedfanodd yr awyren ymlaen hebddo am ychydig gan falu dwy wifren drydan a thorri'r cyflenwad i ardal eang am gyfnod. Trawodd yr awyren yn erbyn y mynydd cyfagos gan ffrwydro'n ddarnau. Yn ôl adroddiad yn y *Daily Express*, nid oedd y Bwrdd Damweiniau o'r farn fod unrhyw fai ar y peilot gan fod nifer o bysgotwyr wedi bod yn gwylio gwrthrych dieithr yn hofran uwchben y llyn am rai munudau cyn i'r awyren ei daro. A'r gwrthrych ei hun? Fe'i disgrifiwyd fel rhywbeth crwn, llachar a ddisgynnodd i'r llyn a diflannu o dan y dŵr. Yn ffodus, roedd y peilot yn ddianaf.

A ydi hi'n bosibl fod y stori'n wir? Ysgrifennais at *AHB3 (RAF)* yn gofyn am gopi o'r adroddiad ar y digwyddiad. Cefais ateb maes o law ac agorais amlen frown *OHMS* yn eiddgar. Yn ôl yr adroddiad, do, fe gwympodd yr awyren ond, yn ôl y cofnodion swyddogol, gwnaeth hynny am iddi daro'r gwifrau trydan foltedd uchel. Hyn, meddai'r adroddiad, wnaeth beri i'r canopi falu: *ROOT: Pilot disobeyed orders and flew below minimum height.*

Ysgrifennais at yr awdurdodau yn y Fali ar 12 Mehefin 2000 i holi'n annibynnol am y digwyddiad, heb gyfeirio at *UFO*. Derbyniais ateb o fewn tridiau yn dweud fod gwybodaeth o'r fath yn anodd i'w chael ond y gwnaent ymchwilio ymhellach a danfon unrhyw wybodaeth ymlaen i mi cyn gynted â phosibl. Fe wnes i eu hatgoffa ym mis Awst a ffoniais eto fis Medi. Dywedodd rhywun wrthyf, mewn llais digon amheus, fod ganddynt ffeil yn yr archif. Ac, yn ôl y person hwn, yr esboniad swyddogol – er na chofnodwyd hynny yn Whitehall – oedd fod talp o rew a ddisgynnodd o awyren sifil wedi bod yn hofran yn yr awyr uwch Llyn Celyn, a hwnnw a drawoddd yr awyren gan falu'r canopi.

Methais guddio fy sinicrwydd wrth geisio dychmygu sut y byddai talp o rew a oedd yn ddigon mawr a chryf i dorri drwy ganopi awyren, yn medru hofran yn yr awyr am rai munudau.

Cysylltais ag awdurdod arall, a dywedodd fod ganddo fynediad at ddwy ffeil ar y digwyddiad, ond nid at yr un yn fy meddiant i. Roedd y ddwy yn cynnig canlyniadau a lleoliadau gwahanol i'w gilydd. Cefais addewid gan y person hwn y byddai'n anfon copïau o'r adroddiad ataf. Wedi pedwar mis o ddisgwyl, mi ffoniais i'w atgoffa. Dywedodd ei fod wedi gwneud camsyniad, ac nad oedd yr un adroddiad yn bodoli.

Am naw o'r gloch ar 22 Mehefin gwelwyd *UFO* gan deulu o dri, ynghyd â ffermwr. Ond nid soser hedegog oedd hwn. Adroddwyd yr hanes gan Mr W J Norton, Curadur yn Amgueddfa Llwydlo, a oedd ar ei wyliau yn Llandrindod.

Roedd y gwrthrych yn agos i'r gorwel yn y dwyrain. Disgleiriodd yn llachar iawn am gyfnod, yna diflannodd. Yna, ar ôl tua dwy funud, clywodd Norton a'r teulu y ffermwr lleol,

Mr Reynolds o Drefyclawdd, yn tynnu eu sylw at y gwrthrych, a oedd bellach bron iawn uwch eu pennau ond ychydig i'r dwyrain. Fe'i gwelsant am tua 30–40 eiliad yn hofran yn llonydd.

Disgrifiodd Mr Norton y peth fel siâp triongl isosgeles neu gôn isel, a hwnnw'n llachar fel darn o arian wedi'i sgleinio. Wrth iddo lithro i ffwrdd yn araf, diflannodd, nid i'r pellter ond yn sydyn, fel petai rhywun wedi diffodd swits. Tra oedd e'n hofran uwchben, clywai'r teulu sŵn hymian trydanol isel, er na chlywai Mr Reynolds hynny.

1967
Gwelwyd rhywbeth rhyfedd iawn yng nghyffiniau'r Wyddfa ym mis Awst. Mae'r gŵr a adroddodd yr hanes, Mr David Jones, bellach yn dwrnai. Ar y pryd roedd yn fachgen pymtheg oed ac ar ei wyliau gyda theulu a oedd yn ffrindiau agos, mewn carafán ger Porthmadog. Ar Awst y pumed, aethant ar daith o gwmpas Eryri mewn car, ef, ei ffrind John Alexander, hefyd yn bymtheg oed, a thad hwnnw, Garnett Alexander. Y tad, Uwchgapten yn y Gwarchodlu, oedd yn gyrru. Tua dau o'r gloch y prynhawn, roeddent yn teithio rhwng Capel Curig a Beddgelert.

I'r chwith o'r car, a rhwng 50 a 100 troedfedd uwch cribau'r mynyddoedd, ymddangosodd gwrthrych fel petai wedi dod o unlle, a phlymio i lawr ar siâp 'S' gan anelu'n union am y car cyn codi'n ôl i gyfeiriad y mynyddoedd ar y dde i'r dyffryn a diflannu rhwng dau gopa.

Roedd hi'n ymddangos ei fod yn hedfan yn llyfn a hollol ddistaw. Atgoffai'r Uwchgapten o awyren neu hofrennydd milwrol yn hedfan yn isel a dilyn amlinell y tir wrth geisio osgoi radar. Buont yn edrych arno am tua 20 eiliad. Ni ddaeth yn agosach na chwarter milltir i'r car ac ni chlywyd unrhyw sŵn. Wrth ddisgrifio ei siâp, nododd y tri ei fod fel dwy hen het draddodiadol Gymreig, un â'i hwyneb i waered ac yn sownd wrth waelod y llall. Ymddangosai'r arwyneb yn llyfn, a sgleiniai fel metel crôm. Roedd tua 12 troedfedd o uchder a thua hanner hynny o led. Ni allai'r tystion ddyfalu sut y medrai'r fath wrthrych hedfan o gwbl, heb unrhyw arwydd o effaith injan nac unrhyw nodweddion erodynamig.

Yn wahanol i heddiw, doedd yr un car arall ar y lôn nac wedi'i barcio yn y cyffiniau. Parciodd Mr Alexander y car ac aeth y tri allan yn y gobaith y dychwelai'r *UFO*. Ni ddaeth y gwrthrych yn ei ôl, ond dri chwarter awr yn ddiweddarach, rhuodd tair awyren *Lightning* y Llu Awyr heibio fel petaent ar drywydd yr *UFO*. Teg nodi, wrth gwrs, fod hon hyd heddiw yn ardal lle mae peilotiaid milwrol yn ymarfer eu sgiliau hedfan isel, ac mae'n bosibl eu bod yn yr ardal eisoes ac yn anymwybodol o'r gwrthrych. Ni adroddwyd yr hanes hwn wrth asiantaethau'r llywodraeth.

1974

Y 70au oedd y cyfnod mwyaf toreithiog o ran adroddiadau am y ffenomenon *UFO* yng Nghymru. Mae rhai yn cymharu un adroddiad ag achos Roswell ym Mecsico Newydd.

Ar y noson arbennig honno derbyniwyd nifer helaeth o adroddiadau am *UFOs* a sêr gwib, a hynny yn sawl ardal ym Mhrydain. Dyma enghraifft nodweddiadol o'r math o adroddiadau a dderbyniodd yr heddlu:

FROM THE CHIEF SUPERINTENDENT D DIVISION
TO THE CC HQ GWYNEDD
****

WREXHAM TELEPHONE MESSAGE NO 495/74 REFERS, TIMED 09.27 HRS
FOLLOWING TEXT IS COPY OF TELEPHONE MESSAGE:
CALLER SAYS THAT HIS STATION HAS HAD A CALL FROM A MR ARCULUS OF 8 ASTHILL GROVE, COVENTRY. THIS MAN IS HEAD OF A COLLEGE AND IS AN AUTHORITY ON ASTRONOMY. HE CLAIMS THAT AT 20.15 HRS ON WED 23 01 74 HE OBSERVED A VERY LARGE METEORITE HEADING FOR EARTH. HE FIXED THE POSITION OF ITS LANDING AS

NORTH WALES AND THOUGHT IT HAD PROBABLY COME DOWN IN THE BERWYN MOUNTAINS. HE MADE THIS CALCULATION UPON A BEARING TAKEN FROM COVENTRY.
MR. NORTH. TEL OPERATOR, POLICE OSWESTRY.
THURS 24 01 74   RECEIVED BY PC 585 JONES

Am 8.39 ar nos Fercher, 23 Ionawr, trawyd pentref Llandrillo ger y Bala gan ddaeargryn yn mesur 3.9 ar raddfa Richter. Yn ystod y munudau a'r eiliadau cyn y daeargryn, gwelwyd gwibfaen mawr yn anelu am ogledd Cymru gan ddisgyn ar fynyddoedd y Berwyn. Dyma grynodeb o'r digwyddiadau, a luniwyd drwy ddefnyddio llungopïau o gofnodion swyddogol yr heddlu. Os nad ydynt yn datgelu dim arall, maent yn dangos iddi fod yn noson brysur iawn yng nghefn gwlad Cymru.

20.53 Derbyniodd Gorsaf Heddlu Corwen alwad ffôn 999 oddi wrth Mrs Lewis o Gorwen yn adrodd am ffrwydrad anferthol, gyda'r tai ar y stâd i gyd yn ysgwyd. Roedd y pentrefwyr oll allan yn y stryd ond doedd gan neb syniad beth oedd achos y ffrwydrad. Derbyniwyd sawl galwad 999 ar linellau teleffon ychwanegol.

20.54 Galwyd 999 gan Mr Bisco o Landrillo yn adrodd am ffrwydrad enfawr a'i fod yn medru gweld goleuadau ar y mynydd. Credai fod awyren wedi taro'r ddaear, gyda'i wraig yn adrodd iddi weld goleuadau bychain crynedig ar lethrau ucha'r mynydd. Credai ei gymydog mai dynion oedd yn gyfrifol gan iddo weld *Land Rover* yn gyrru i fyny yno yn gynharach y noson honno.

20.56 Cysylltodd swyddog desg yr heddlu â'r Llu Awyr yn y Fali i holi am y posibilrwydd fod awyren wedi taro Cadair Bronwen. Yna dyma Sgwadron 22 chwilio-ac-achub o'r Fali yn cadarnhau eu bod yn chwilio am adroddiadau awyren goll.

21.00 PC 723 ar ddyletswydd ym mhentref Llandrillo yn ffonio i adrodd iddo glywed ffrwydrad anferthol, a bod golau yn fflachio ar lethrau uchaf Cadair Bronwen. Ofnai fod awyren wedi cwympo. Trosglwyddwyd y wybodaeth i wasanaeth ambiwlans Wrecsam.

21.01 Neges i'r Arolygwr A R Vaughan i gysylltu â HQ ar unwaith.

21.07 Pasio gwybodaeth i wasanaethau tân ac ambiwlans Sir Feirionnydd.

21.08 Y Llu Awyr (Nid y Fali) yn cysylltu i ofyn am fanylion llawn.

21.10 Mwy o alwadau 999 oddi wrth y cyhoedd, y tro hwn yn adrodd iddynt weld *UFO*. PC 691 yn trefnu trafnidiaeth i'r lleoliad.

21.15 Cysylltu â PCs 192 a 717 i'w cyfarwyddo ar y lleoliad.

21.30 Holi canolfan reoli traffig awyr Preston.

21.45 Preston yn cysylltu'n ôl, dim gwybodaeth am unrhyw awyrennau coll.

21.49 Yr Arolygwr Hughes o Dreffynnon yn nodi i'r adroddiad cyntaf gael ei amseru am 20.35 a'i fod yn mynd allan i archwilio.

21.50 Yr Arolygwr G O Evans ar ei ffordd i'r lleoliad ac arno angen mwy o wybodaeth.

Er i'r heddlu archwilio Cadair Bronwen tan 11.30 y noson honno, ni ddaethant o hyd i'r un dim heblaw iddynt weld golau tebyg i fflach argyfwng i gyfeiriad Llangynog. Am bum munud i hanner nos derbyniwyd adroddiad gan y Ganolfan Amddiffyn Tywydd yn Eskdalemuir yn yr Alban yn dweud iddynt gofnodi daeargryn cymedrol ei faint, a barhaodd am un funud, yn ardal Llandrillo.

Derbyniodd yr heddlu fwy o adroddiadau oddi wrth y cyhoedd, gan gynnwys un gan Mr Lee o Helsby a welodd *UFO* yn 'bownsio' oddi ar fynyddoedd Cymru. Gwelodd wreichion glas yn codi o gefn y gwrthrych ac nid edrychai fel seren wib gyffredin. Derbyniwyd adroddiad o Horton ger Amwythig am rywbeth fel seren wib anferth tua 10.00 o'r gloch a dyfodd yn olau glas llachar iawn cyn ffrwydro'n ddarnau. Daeth un arall o fferm y Royal Oak, Betws-y-coed, yn dweud bod y gwrthrych tua 1500 troedfedd i fyny. Yn ôl y tyst, a oedd yn astronomegydd amatur, dylai'r darnau fod wedi disgyn i'r môr rhwng y Rhyl a Lerpwl. Mae pob un o'r cofnodion uchod yn rhai dilys.

Creodd y digwyddiad gryn gynnwrf yng nghylchoedd astronomegol prifysgolion Prydain wrth i'r hanes gael sylw ar raglenni newyddion ar fore'r 24ain. Awgrymai'r adroddiadau fod gwibfaen wedi taro mynyddoedd y Berwyn, ond nid gwibfaen cyffredin. Yr asesiad gwyddonol cyntaf oedd mai hwn, o bosibl, oedd y gwibfaen mwyaf erioed i daro tir Prydain ac mai egni cinetig yn cael ei ryddhau yn sgîl y gwrthdrawiad a achosodd y daeargryn.

Cyrhaeddodd astronomegwyr a gwyddonwyr o Adran Astronomeg Prifysgol John Moores, Lerpwl; Adran Ddaeareg Prifysgol Manceinion a dau astronomegydd o Brifysgol Keele. Cynhaliwyd nifer o archwiliadau ar Gadair Bronwen yn y gobaith o weld y twll lle trawodd y gwibfaen a darganfod darnau o'r gwibfaen hwn a ddisgrifiwyd gan y *Western Mail* fel y mwyaf i daro Prydain.

Y tro cyntaf i mi glywed am yr hanes roeddwn yn darllen y gyfrol *UFO Crash Retrievals* gan yr ymchwilydd *UFO* a'r awdures Jenny Randles. Dyma, yn fras, sut yr adroddodd hi'r hanes. Honnwyd fod *UFO* wedi taro Cadair Bronwen a bod y Llu Awyr a'r heddlu wedi cau'r mynydd a gwrthod mynediad i dir cyhoeddus. Adroddwyd fod ffermwyr wedi eu hatal rhag gweld eu hanifeiliaid a bod nyrs leol wedi derbyn galwad gan yr heddlu i roi sylw i griw awyren a oedd wedi cwympo. Wrth gyrraedd y safle ar y mynydd, fodd bynnag, sylweddolodd honno ei bod o fewn lled dau gae i wrthrych mawr, llachar ar siâp soser a oedd ar y ddaear. Yna daeth milwyr at ei char a gorchymyn iddi adael.

Ysgrifennodd bennod gyfan am y digwyddiad. Honnai fod llwch wedi'i daflu i lygaid y cyhoedd. Roedd y wybodaeth a oedd ganddi, mae'n debyg, wedi dod o ffynhonnell gudd rynglywodraethol. I gloi'r bennod, awgrymodd y byddai ymchwil bellach yn datgelu digwyddiad arallfydol unigryw.

Penderfynais gynnal ymchwil i'r achos fy hun, a hynny o

sawl cyfeiriad. Gan i'r heddlu a'r Llu Awyr chwarae rhan flaenllaw, cysylltais â hwy i ofyn am ddogfennau swyddogol oedd yn cofnodi'r digwyddiad. O gofio am y gwawdio sy'n gysylltiedig ag *UFOs*, penderfynais holi yn nhermau gwibfaen. Hefyd euthum ati i chwilio am erthyglau ym mhapurau newydd y cyfnod er mwyn dod o hyd i lygad-dystion, yn arbennig y nyrs ac unrhyw ffermwyr a gafodd eu rhwystro rhag mynd ar y tir dan sylw.

Yn weddol fuan, cefais fy nghyfeirio gan adran cysylltiadau cyhoeddus y Llu Awyr at y Gangen Hanes Awyr *AHB3 (RAF)* yn Llundain. Dyma'r sefydliad sy'n cadw holl gofnodion y Llu Awyr nes eu rhyddhau i'r Archifdy Gwladol neu eu dinistrio.

Dywedodd Heddlu Gogledd Cymru wrthyf na fyddai'n bosibl darganfod cofnodion ynghylch y digwyddiad gan i'r *Gwynedd Constabulary* ddiflannu adeg ad-drefnu'r heddlu yn 1975.

Trwy gysylltiadau teuluol yn ardal y Bala a chysylltiadau gwaith, llwyddais i gysylltu â Mr a Mrs Evan Evans, â'r nyrs, a hefyd â Mr John Roberts sy'n ffermwr yn Llandrillo. Trefnais i fynd i'w cyf-weld.

Yn y cyfamser, derbyniais lythyr gan *AHB3 (RAF)* ar 26 Tachwedd 1997 yn cydnabod fy nghais am gymorth ond yn ychwanegu nad oedd eu cofnodion hwy yn cynnwys unrhyw gofnod o orsaf y Fali ynghylch y digwyddiad. Ysgrifennais yn ôl ar yr ail o Ragfyr 1997 ac anfonais nodyn i'w hatgoffa ar 13 Ionawr 1998 yn cynnwys llungopïau o erthyglau papur newydd. Cyfeiriai nifer o'r rhain at gyfweliad gyda'r Rhingyll K Oldham, arweinydd Tîm Achub Mynydd y Fali a fu'n archwilio safle'r ffrwydrad. Gydag erthygl yn y *Western Mail* roedd llun astronomegydd o Brifysgol Keele a oedd wedi teithio i Landrillo ar fore'r 24ain yn y gobaith o ddarganfod darnau gwibfaen. Gydag enw fel Dr Aneurin Evans, roeddwn yn lled obeithiol y byddai'n Gymro Cymraeg. Os hynny, fyddai yna neb gwell i'w holi ar y mater.

Ffoniais y brifysgol a chefais wybod mai'r Athro Aneurin

Evans oedd pennaeth yr Adran Ffiseg ac Astroffiseg yno. Bu'n ddigon caredig i'm cyfeirio at erthygl ganddo a gyhoeddwyd yng nghylchgrawn Gwasg Prifysgol Cymru, *Y Gwyddonydd*, a gyhoeddwyd yn 1974, ychydig wythnosau ar ôl ei ymweliad â Llandrillo. Mae'r erthygl yn un hynod ddifyr. Mae'n gosod cefndir sêr gwib ynghyd â hanes rhai a ddisgynnodd yng Nghymru. Roedd un yn pwyso $1^{1}/_{2}$ pwys a ddisgynnodd drwy do gwesty'r Prince Llywelyn ym Meddgelert yn 1949 ac un arall yn Barwell yn 1965, lle casglwyd dros 100 pwys o weddillion.

'Roeddwn yn weddol hyderus,' meddai yn yr erthygl, 'mai gwibfaen oedd yn gyfrifol am yr hyn a welwyd ac a deimlwyd, ac os oedd i'w chael heb lawer o drafferth rhaid oedd mynd i'r Berwyn yn ddi-oed. Rhaid cyfaddef nad oedd gennym fawr o syniad naill ai am leoliad yr adrawiad na maint y graith a achoswyd (os gwibfaen a oedd yn gyfrifol), yn nyddiau cyntaf yr archwiliad. Hefyd rhaid oedd ystyried y posibilrwydd bod y gwibfaen wedi chwilfriwio yn yr adrawiad, a rhaid oedd cadw llygad yn agored am ddarnau mân yn ogystal â chraith led fawr. Ond ni fu'r archwiliadau cynnar, ar droed ac mewn hofrennydd, yn ffrwythlon o gwbl.'

Wrth gwrs, gwnaethpwyd tipyn o waith gan yr Athro Evans yn ychwanegol i chwilio'r ardal – holi llygad-dystion, a defnyddio data cyfredol am wibfeini er mwyn casglu gwybodaeth. Gan dybio mai gwibfaen oedd yn gyfrifol, gwnaeth amcan bras o faint y garreg a maint y graith a achosai. Daeth i'r casgliad y byddai rhywbeth yn mesur 3.9 ar raddfa Richter yn cyfateb i ffrwydro tua 600 tunnell o *TNT*. Amcangyfrifodd, felly, fod y garreg yn pwyso tua 50 tunnell ac yn mesur tua phum troedfedd. Dylai fod wedi gadael twll pum llathen o faint os oedd yn teithio ar gyflymdra o 10 km yr eiliad. Beth bynnag, ychwanegodd:

'Rhaid cofio bod ein ffigyrau'n fras iawn; gall gwibfaen gyrraedd y ddaear gyda chyflymder o 100 km yr eiliad, ac os digwydd hyn, ceir hyd i'r gweddillion ar yr wyneb heb unrhyw drafferth.'

Serch hynny, ni ddarganfuwyd tystiolaeth gadarn fod gwibfaen wedi glanio, a'r farn gyffredinol oedd:

'Ymddengys fod daeargryn y Berwyn yn hollol annibynnol ar ymddangosiad y seren wib, a bod yr holl ddigwyddiad yn gyd-ddigwyddiad anghyffredin. Er mai aflwyddiannus a fu'r ymchwiliad o safbwynt seryddol, nid felly, efallai, o'r safbwynt geolegol. Teimlwn fod rhywbeth o ddiddordeb i'w gael ar y Berwyn, ac nid yw'r ffeil ar gau eto.'

Yn y cyfamser, cefais gyfle i ymweld â fferm Mr John Roberts yn Llandrillo. Yno bu'n adrodd, yng nghwmni ei wraig, ei atgofion am y noson honno yn 1974. Dywedodd Mr Roberts i'r daeargryn ei atgoffa o'r profiad a geir wrth i drên cyflym ruthro heibio. Câi'r argraff i'r sŵn deithio o gyfeiriad y de i'r gogledd gan ysgwyd y tŷ wrth fynd heibio. Ni welodd, fodd bynnag, unrhyw oleuadau rhyfedd ac ni chafodd ef na'i gymdogion eu hatal rhag mynd i'r mynydd, meddai.

'Ond,' ychwanegodd, 'rwy'n cofio tua chanol yr 80au, fe grasiodd awyren filwrol yn yr un lle. Yr adeg yma, mi oedd yna lawer iawn o bobol filwrol yma, a chaewyd pob mynedfa i lle'r oedd gweddillion yr awyren.'

Ychwanegodd fod milwyr Prydeinig, gan gynnwys aelodau o'r *SAS*, yn ymarfer yn rheolaidd yn yr ardal. Ac wrth i mi edrych yn fanwl ar gofnodion yr heddlu, gwelais iddynt dderbyn ymholiad o'r *Army Disposal Unit*, Henffordd, sef ardal yr *SAS*, yn dweud: *Should you find the location of the explosion, we would be very interested to investigate.*

Yn ychwanegol, am 22.15 ar noson y digwyddiad, cysylltodd yr heddlu â'r fyddin i holi a oedd unrhyw ymarferion milwrol yn digwydd yn yr ardal. Cafwyd ateb ar unwaith yn dweud fod yr unig uned o'r fyddin a oedd ar ymarferion ar y pryd ym Mhontarfynach ger Aberystwyth ac nad oedd unrhyw ymarferiadau ar fynyddoedd y Berwyn.

Holais farn Mr Roberts am y goleuadau rhyfedd a welwyd ar y mynydd y noson honno. Gwenodd wrth esbonio fod dau gymydog wedi bod allan yn hela'n anghyfreithlon a'u bod yn defnyddio fflachiadau i ddychryn ysgyfarnogod o'u cuddfannau er mwyn eu saethu!

Roedd y cyfweliad gyda Mrs Pat Evans, y nyrs, yn un pwysig iawn gan fod yr hyn a ddarllenais yn ei gwneud hi yn brif dyst i'r digwyddiadau. Cefais groeso cynnes ganddi yn ei chartref a chytunodd i drafod y digwyddiad a recordio'r sgwrs ar dâp sain. Synnai Mrs Evans at yr hyn a ysgrifennwyd eisoes am ei phrofiad gan bobl na thrafferthodd gysylltu â hi, a chyfeiriodd at nifer o gamgymeriadau elfennol. Dyma fraslun o'r hanes a adroddodd wrthyf:

Roedd Mrs Evans, y noson honno, adref yn gwarchod ei dwy ferch. Roedd ei gŵr, a oedd yn gyrru lorïau, i ffwrdd dros nos. Wrthi'n gwylio *Till Death Us Do Part* ar y teledu oedd hi pan glywodd ffrwydrad anferth a'r peth cyntaf a ddaeth i'w meddwl oedd i'r *Rayburn* neu'r tanc dŵr poeth ffrwydro. Yn rhyfedd iawn, doedd pobl ar un ochr i'r dyffryn ddim yn ymwybodol o'r daeargryn – roedd Mrs Evans yn un o'r rhain.

Gan feddwl fod awyren wedi taro'r mynydd, ffoniodd bencadlys yr heddlu ym Mae Colwyn i gynnig ei gwasanaeth fel nyrs. Gan fynd â'i dwy ferch oedd yn eu harddegau gyda hi, gyrrodd yn y car i fyny'r trac tua'r mynydd. Roedd yn glawio ac yn oer, ac ni welodd unrhyw beth nes cyrraedd man a adwaenir yn lleol fel y 'county boundary'. Ar y ddaear, tua dwy filltir i ffwrdd, 'roedd y peth 'ma, yn fawr ac yn berffaith grwn, fel clamp o leuad'. Gofynnais iddi pa mor fawr? Meddyliodd am ychydig cyn ateb yn bwyllog, 'Ydach chi'n gwybod maint lleuad lawn? Pum gwaith yn fwy na hynny.'

Gyrrodd y car yn ei flaen ychydig er mwyn troi'n ôl ar gyfer y siwrnai adref. Yna, parciodd wrth ymyl y lôn ac agor un o'r ffenestri er mwyn gweld yn well.

'Roedd 'na ryw fath o "glow" a "shimmer" iddo fo. Doedd 'na ddim golwg o ddrws na ffenest na dim byd felly. Doedd 'na ddim marciau arno, na dim sŵn na dim byd. Doedd 'na ddim car, dim un creadur i'w weld yno yr adeg honno, wyddoch chi, i gael trafod pethau 'te. Welson ni neb. Wedyn, wrth y peth 'ma, roedd yna oleuadau bach yn mynd o'i amgylch, fel petaen nhw wedi dod o'i waelod.'

Awgrymais wrthi mai goleuadau pobl yn cerdded ar hyd y mynydd oedd y rhain.

'Toedden nhw ddim 'fath â lampau, wrth feddwl am y peth wedyn, 'fath â tortshys, "searchlights" na dim byd felly, fel mae'r ffermwrs 'ma yn hel defaid a ballu. 'Da ni'n gweld o fan hyn, mae'r Berwyn yn fan 'cw. Roedden nhw'n debycach i "fairy lights" lliw gwyn o lle'r oeddwn i'n eu gweld nhw, yndê. Doedd 'na ddim pelydrau i weld yn dod ohonyn nhw na dim byd felly.'

Doedd yr olygfa ddim yn ymddangos yn naturiol i Mrs Evans. Ac o gofio fod hyn adeg y Rhyfel Oer, tybiai fod y 'peth' yn rhywbeth niwclear a oedd wedi disgyn o'r awyren a 'ffrwydrodd'. Gan boeni y byddai'n achosi i'r paent godi ar ei char newydd sbon, cychwynnodd am adre. Yn y gwaith y diwrnod canlynol, wrth gychwyn adrodd yr hanes wrth ei chydweithwyr, cafodd ymateb direidus a llawer o dynnu coes ei bod wedi gweld 'dynion bach gwyrdd'. O'r herwydd ni wnaeth hi siarad am y peth am tua ugain mlynedd wedyn.

Ond fe gafodd hi un ymwelydd yn ystod y dyddiau wedi'r digwyddiad – Aneurin Evans, hwyrach – er nad yw'n cofio'n union pwy. *'Meteorites.* Mi oedd o'n "keen" iawn i wybod os oeddwn i wedi clywed hoglau rhywbeth. Ond toeddwn i ddim.'

Mae erthygl yr Athro Evans yn *Y Gwyddonydd* yn dweud fod nifer o bobl wedi arogli brwmstan yn yr awyr y noson honno. Mae'n bosibl mai oglau o'r gwibfaen yn llosgi yn yr atmosffer sydd yn gyfrifol am hyn. Ond rhaid cofio ei bod hi'n ganol gaeaf ar y pryd a'r rhan fwyaf o dai, yn 1974, yn llosgi glo. Gallai hynny greu drewdod brwmstan, yn enwedig ar dywydd gwlyb.

Dau beth sy'n aros ym meddwl Mrs Evans hyd heddiw. Mae'n difaru nad arhosodd i weld beth ddigwyddodd i'r golau, ac nad oedd neb gyda hi ond y plant i drafod y peth. Yn ail, cred yn gryf fod rhywun yn rhywle yn gwybod yn union beth ddigwyddodd y noson honno. Ac mae pawb a holais am y digwyddiad o'r un farn. Fel y dywedodd Mrs Evans wrth i mi adael y tŷ, 'Dydyn nhw ond yn dweud wrth bobl yr hyn maen nhw eisiau i bobl ei wybod.'

Yn dilyn fy ymweliadau, derbyniais lythyr o *AHB3 (RAF)* dyddiedig 1 Ionawr 1998 yn dweud iddynt chwilio drwy Lyfr Cofnodion Gweithgareddau ar gyfer y Fali, Sain Tathan a Chanolfan Llu Awyr Stafford, ond yn ofer. Yr unig gofnod am y cyfnod dan sylw yn 1974 mewn perthynas â Thîm Achub Mynydd (*MRT*) y Fali oedd galwad ar 19 Ionawr i helpu dringwr oedd wedi disgyn ar y Grib Goch. Yn yr un modd, nid oedd cofnod am unrhyw awyrennau na hofrenyddion o'r Fali yn cymryd rhan mewn unrhyw weithgaredd yn gysylltiedig â'r digwyddiad. Awgrymwyd y dylwn gysylltu â Swyddog Mewn Gofal yr *MRT* yn y Fali yn y gobaith y byddai ganddynt gofnod perthnasol. Tua wythnos yn ddiweddarach, derbyniais alwad ffôn am 7.00 o'r gloch yr hwyr gan swyddog o'r Llu Awyr – nid o'r Fali – a'r peth cyntaf a ofynnodd oedd a oeddwn yn cofnodi'r sgwrs ar dâp. Synnais braidd wrth glywed hyn. Ond o'i sicrhau nad oeddwn yn ei recordio, dywedodd, ar yr amod na wnawn ei enwi, nad oedd y cofnodion a fynnwn ar gael. Nodais ar bapur ei union eiriau:

Don't quote me on this, but all the records for 1974 are missing.

Ychwanegodd y byddai unrhyw gofnod am unedau milwrol eraill a oedd yn bresennol ar y noson i'w cael ymhlith y cofnodion hyn. Ond ni wyddai pwy a'u tynnodd o'r system, na phryd na pham. Ers hynny, clywais gan gyswllt dibynadwy a arferai fod yn swyddog llu awyr fod cofnodion y Fali ar gyfer 1974 ar goll.

Ar 7 Chwefror 1998 derbyniais lythyr gan *MRT* Stafford. Heb yn wybod i Whitehall, doedd *MRT* y Fali ddim yn bod ers rhai blynyddoedd. Roedd y tîm bellach yn Stafford, er bod adnoddau ar gael iddynt yn y Fali. Gyda'r llythyr roedd llungopi o dair tudalen o ddyddiadur catrodol Tîm Achub y Fali. Ac er nad oedd unrhyw beth cyfrinachol i'w weld ynddynt, braf oedd gweld fod cofnod arall o'r digwyddiad wedi goroesi.

Ar ba sail, felly, roedd ymchwilwyr *UFO* yn honni bod pobl yn cofio am asiantaethau yn cau'r mynydd ac yn gwrthod mynediad? Chwiliais yn fanwl drwy fy nodiadau am ateb a sylwi bod John Roberts wedi cyfeirio at awyren a gwympodd ar fynydd y Berwyn yn yr 80au. Ysgrifennais yn ôl at *AHB3* i ofyn am ragor o fanylion. Ond fe'm siomwyd gan yr ateb. Nid oedd yn bosibl darganfod y cofnod priodol. Rhaid fyddai cael manylion am y math o awyren a gwympodd neu rif y gynffon.

Roeddwn i'n amau mai dyna ddiwedd y stori arbennig honno. Ond ar 24 Mawrth, wrth i mi grwydro strydoedd Caernarfon, gwelais lyfr mewn ffenestr siop a gododd fy nghalon, sef *Air Crashes in North East Wales* gan Edward Doylerush. Ynddo deuthum o hyd i'r hyn yr oeddwn ei angen.

Ar ôl darllen y llyfr, ysgrifennais at *AHB3* yn gofyn am fanylion am *Harrier GR3* rhif XZ973, a syrthiodd yn ardal Llandrillo ar 12 Chwefror 1982. Ysgrifennais hefyd at archifdy Llu Awyr y Fali yn holi am wybodaeth a derbyniais ateb cyn pen wythnos yn amlinellu'r ymdrechion i ddarganfod olion yr awyren. Yn ogystal â dau hofrennydd o'r Fali, chwiliwyd yr ardal gan hofrenyddion *Gazelle* o RAF Shawbury, awyrennau *Harrier* o RAF Wittering, awyren *Hercules* o RAF Lyneham a dwy awyren *Canberra* o sgwadron 360 Uned Rhagchwilio Ffotograffig RAF Wyton.

Derbyniais lythyr oddi wrth *AHB3*, dyddiedig 14 Gorffennaf 1998 (wedi i mi anfon llythyr i'w hatgoffa ar Orffennaf y cyntaf), yn manylu ar y wybodaeth y gofynnais amdani. Bu nifer o dimau achub mynydd yn gweithio gyda thimau'r Llu Awyr o'r Fali a Stafford i archwilio'r mynydd. Daethant o hyd i'r awyren am 11.00 o'r gloch ar fore 13 Chwefror gyda'r peilot, Lt John M MacBeth, yn farw yn ei sedd. Gosodwyd gwarchodwyr o gwmpas y safle gyda gwaharddiad mynediad ar bawb nes sicrhau nad oedd arfau byw ar yr awyren a than i ymchwilwyr yr *RAF* gyrraedd. Aeth rhai dyddiau heibio cyn i weddillion yr awyren gael eu symud, a hynny oherwydd natur anghysbell y lle. Doedd yr un cofnod yn dangos i lonydd gael eu cau, fodd bynnag, ac anffrwythlon fu fy ymholiadau i'r heddlu ynglŷn â hynny.

Pob parch i drigolion Llandrillo bron ddeg mlynedd ar hugain yn ôl, ond tybed a fu yna enghraifft o dwyllo'r meddwl wrth i ddau ddigwyddiad gael eu cymysgu dros amser? A bod ymchwilwyr, wrth ddarllen erthyglau ail-law a thrydedd-law, a heb wneud ymholiadau eu hunain, wedi creu senario wahanol drwy gyfuno'r ddau ddigwyddiad?

Mae'n werth nodi na ddaeth cysylltiad rhwng Llandrillo ac *UFOs* i sylw'r cyhoedd tan 1993, sef 19 mlynedd wedi'r digwyddiad gwreiddiol ac 11 mlynedd wedi damwain yr *Harrier*. Wrth holi llygad-dystion am y tywydd ar y noson honno yn 1974, dywedodd y rhan fwyaf o'r tystion fod y noson yn un oer a chlir gyda rhew. Mewn adroddiad heddlu a nodwyd ar y pryd gan yr Arolygwr G O Evans, dywedir ei bod hi'n noson dywyll, oer, gwlyb a gwyntog. Dydw i ddim yn honni i'r tystion lleol gam-adnabod y sefyllfa, ond nid yw'r dystiolaeth swyddogol brin sydd ar gael yn cadarnhau'r honiadau.

Nid dyma ddiwedd yr hanes, fodd bynnag. Yn 1996, cyhoeddwyd erthygl yn *UFO Magazine* yn dweud fod cyn-aelod o'r fyddin, â'r ffug-enw James Prescott, wedi cysylltu â'r ymchwilydd Tony Dodd i adrodd ei fod yn rhan o uned a ddanfonwyd i Landrillo un noson ym mis Ionawr 1974.

Swm a sylwedd honiadau Prescott oedd i'w uned filwrol dderbyn rhybudd brys ar 18 Ionawr i symud tua'r gogledd. Yn Llangollen fe'u rhannwyd yn bedwar grŵp. Ychydig cyn hanner nos, danfonwyd ei grŵp ef i Landderfel. Yno cafodd dau focs hirsgwar eu llwytho ar lorïau, gyda gorchymyn i'w gyrru'n ddi-oed i Porton Down, canolfan gyfrinachol y Llywodraeth mewn ymchwil rhyfela niwclear, cemegol a biolegol.

Yno agorwyd y ddau focs a gwelwyd cyrff dau greadur nad oeddent o'r blaned hon. Roedd y cyrff o faint a siâp dynol ond yn rhyfeddol o denau. Clywodd Prescott wedyn i grwpiau eraill ei uned gael profiadau tebyg.

Cysylltodd Prescott â Tony Dodd i adrodd ei hanes, ac er y

tyllau amlwg yn y stori, er enghraifft y dyddiad anghywir, ef yw'r unig berson a welodd bapurau milwrol y gŵr hwn. Er i'r rhain brofi ei gefndir milwrol, roedd rhywbeth nad oedd yn taro deuddeg. Fel rhan o'i ymdrech i brofi honiadau Prescott, cysylltodd Tony Dodd â grŵp o gyn-filwyr o'r un uned a threfnu iddynt deithio i Swydd Efrog. Gan eu bod yn gwasanaethu yn yr un cyfnod, byddent yn medru adnabod James Prescott a chadarnhau'n bendant nad twyllwr oedd y dyn. Nid oeddynt yn ymwybodol o'r hanes yr oedd wedi'i adrodd. Newydd symud i'r ardal oedd Prescott pan gysylltodd â Dodd, ond pan deithiodd Tony draw i'w dŷ i sôn am y trefniadau, roedd y tŷ yn wag a'r ffenestri a'r drysau wedi'u bordio. Gwadodd Porton Down unrhyw wybodaeth am y digwyddiad.

Yna dyma ymchwilydd arall, Nick Redfern, yn clywed gan gyn-aelod o'r Morlu Brenhinol a aeth gyda'r tasglu i Ryfel y Falklands yn 1982. Dywedodd bod arweinydd ei uned ar y daith honno wedi adrodd hanes wrthynt am noson pan anfonwyd ef i fynydd yng ngogledd Cymru er mwyn adfer *UFO* a grasiodd yno. Ei enw oedd James Prescott. Lladdwyd Prescott yn un o frwydrau'r Malvinas.

Ceisiais ddarganfod dogfennau a allai brofi digwyddiadau'r noson honno yn 1974, y naill ffordd neu'r llall. Teimlaf fod mwy i'r hanes nag a lwyddais i'w ddarganfod hyd yma. Ond mae un cwestiwn amlwg. Os oes yna ddogfennau perthnasol yn bodoli rywle ym mherfeddion Whitehall, a wnân nhw fyth weld golau dydd? Yn ôl y rheol 30 mlynedd, efallai y daw rhywbeth i'r fei erbyn 2005. Efallai ddim. Mae'n bosibl cadw dogfennau sensitif yn gyfrinachol am 50 neu 100 mlynedd – a hyd yn oed am byth – heb i neb gael gwybod amdanynt.

Ysgrifennais at *DAS4a1(Sec)* Whitehall i ofyn am ddogfennau perthnasol a derbyniais ateb dyddiedig 15 Mehefin 2000.

Your request for information about RAF involvement in an alleged incident on 23 January 1974 is refused under Exemption 9

DERA

COMPANY SECRETARY'S DEPARTMENT
Room 4
Building 106
CBD
Porton Down
Salisbury
Wiltshire
SP4 OJQ

Tel: (01980) 61 3365
Fax: (01980) 61 3911

FAX TRANSMISSION

To: _____ Date: 18/12/97

Address: _____

Fax No.: _____

Tel No.: _____ Cover plus _____ pages

From: Marie Jones

Dear David,

Thanks for your fax concerning the article in UFO Magazine, we have to admit that here at CBD we are amazed by the allegations. The Chemical and Biological Defence Sector of the Defence Evaluation and Research Agency (DERA) at Porton Down conducts research to develop defensive measures to protect the UK Armed Forces in the event of biological or chemical weapons being used against. Due to the nature of the work conducted on site there has always been an aura of secrecy surrounding the establishment which unfortunately makes us subjects of wild allegations like those published in this magazine article. We can honestly state that we have no knowledge of this supposed incident.

If you need any further comments please phone me on the above number.

Yours sincerely,

Marie

Marie Jones
Public Relations Adviser
CBD, DERA.

In case of incomplete transmission contact (01980) 613365
DERA is an Agency of the Ministry of Defence

Ffacs DERA, Porton Down, yn gwadu unrhyw wybodaeth am ddigwyddiadau Llandrillo.

(voluminous or vexatious requests) of the Code of Practice on Access to Government Information. To identify any documentation or information for that date would involve a manual search of MOD archived files for a number of Branches existing at that time and detailed scrutiny of a considerable volume of paper records to determine whether any might have some relevance.

Mae 'na un dewis ar ôl, sef apelio at yr Ombwdsman. Ar hyn o bryd, y broblem yw gwybod beth yn union i ofyn amdano ac ym mha adrannau. Un man cychwyn yw'r adrannau a welir ar y rhestr ddosbarthu ar dudalen 3 yng nghofnod dyddiadur *MRT* y Fali. Ond i hwyluso pethau, ceisiais ddod i ddeall pwy yn union oedd yr adrannau yma cyn i mi benderfynu beth i'w wneud nesaf. Unwaith eto cysylltais â *AHB3 (RAF)* i holi am unrhyw ddogfennau am yr adrannau hyn, gan ofyn iddynt hefyd eu henwi. Derbyniais ateb dyddiedig 27 Medi 2000.

Unfortunately AHB3 (RAF) is unable to assist you with your request. The branches shown. . . no longer exist and even if they did we would be unable to say whether they still held or would have received copies of MRT records.

Ni chynigiwyd enwau'r adrannau ac ysgrifennais unwaith eto i holi am hyn. Fe all gymryd tair wythnos a llawer yn hirach weithiau cyn derbyn ateb cyflawn gan adrannau'r Weinyddiaeth Amddiffyn. Ond os llwyddaf i gyrraedd y nod yn y pen draw, hwyrach mai dal i ddisgwyl am ateb yw'r peth gorau i'w wneud.

Pennod 7

ADRODDIADAU ERAILL O GYMRU

1977

Cafwyd sawl adroddiad diddorol o ardal Broadhaven yn Nyfed ac un o'r rhai enwocaf oedd hanes plant yr ysgol gynradd yn gweld *UFO* ar ddydd Gwener, 4 Chwefror. Roedd y plant newydd orffen eu cinio ac allan yn chwarae pan sylwodd rhai ohonynt ar wrthrych rhyfedd ar ochr bryn gyferbyn â'r iard, tua 300 llath i ffwrdd. Gwelsant 'ddyn' yn crwydro o amgylch a dychrynwyd y plant gymaint nes iddynt redeg, rhai dan grio, i stafell yr athrawon i ddweud yr hanes. Erbyn i'r athrawon gymryd y stori o ddifrif a rhedeg allan, roedd y gwrthrych wedi diflannu. Roedd y datganiadau a wnaed gan y plant yn amrywio o weld gwrthrych siâp sigâr â golau coch yn fflachio ar ei ben, i weld dyn tebyg i Mr Spock o'r gyfres deledu *Star Treck*.

Penderfynodd y prifathro, Mr Ralph Llewellyn, annog y plant i ail-greu'r olygfa drwy wahanu'r plant a'u gwahodd i dynnu lluniau. Mae'r lluniau hyn yn drawiadol iawn. Roedd y prifathro yn derbyn stori'r plant a dywedodd tad un ohonynt, yr Arweinydd Sgwadron Tim Webb o RAF Breudeth . . . *there is no real answer as to what it could have been if not an UFO.*

Bythefnos yn ddiweddarach, wrth i athrawes adael yr ysgol ganol y bore, tynnwyd ei sylw gan ryw ddisgleirdeb. Gwelodd wrthrych mawr, hirgrwn, metelaidd. Cyn iddi fedru galw ar neb, daeth sŵn hymian o'r gwrthrych a hedfanodd i ffwrdd.

Awr yn ddiweddarach gwelodd dwy gydweithwraig rywbeth metelaidd yn y coed gyferbyn a phenderfynu mai lori garthffosiaeth oedd yno. Credent iddynt ddatrys y dirgelwch a'r bore wedyn aethant i'r fan gan ddisgwyl gweld olion teiars i gadarnhau eu damcaniaeth. Doedd yno ddim ond olion carnau gwartheg yn y mwd trwchus.

Yn y 70au, daeth Broadhaven yn enwog drwy Brydain o

ganlyniad i'r digwyddiadau anarferol a effeithiodd ar un teulu'n arbennig, sef y Coombes. Codwyd cymaint o fraw ar y teulu nes iddynt ystyried gwerthu eu fferm a symud o'r ardal.

Yn gyntaf, bu 'pêl hedegog' yn dilyn eu car. Yna, ar 28 Ebrill 1977, tra oedd Mr a Mrs Coombes yn gwylio'r teledu, ymddangosodd 'cawr heb wyneb' y tu allan i ffenestr y gegin. Bu yno am tua deng munud ond diflannodd cyn i'r heddlu gyrraedd. Yn ôl Billy Coombes, a fu'n siarad â'r *Western Telegraph*, roedd y ffigwr rhwng saith ac wyth troedfedd o daldra a gwisgai wisg arian gyda mwgwd du dros ei wyneb Ymddangosai fel dyn, ond un nad oedd o dras ddynol.

Nai Mrs Coombes, Mark Marston, un ar ddeg oed, oedd y nesaf i gael profiad anghyffredin. Roedd allan yn hel nythod adar ger Herbrandston pan welodd olau coch yn yr awyr. Yna ymddangosodd ffigwr tal mewn gwisg arian yn gwisgo helmed a heb unrhyw nodweddion arbennig ar ei wyneb. Dechreuodd ymlid Mark, a rhedodd yntau adre dan grio.

Ar 13 Mawrth roedd Stephen Taylor o Benycwm allan fin nos pan welodd ffigwr tal, dros chwe throedfedd o daldra, gydag esgyrn bochau anarferol o uchel. Gwisgai siwt leddryloyw a cherddodd tuag at Stephen. Taflodd hwnnw ddwrn ato a ffoi mewn ofn.

Parhaodd y gweledigaethau anarferol yma am gyfnod o dros flwyddyn. Yn wir, bu cynifer o adroddiadau nes iddynt ddod yn sail i aml i gyfrol. Y mwyaf enwog, hwyrach, yw *The Welsh Triangle* gan Peter Paget, a gymharodd yr ardal â Thriongl Bermuda. Y mwyaf trwyadl, fodd bynnag, yw *The Dyfed Enigma* gan Randall Jones Pugh a'i gyd-ymchwilydd, F W Holiday, a gyhoeddwyd yn 1979. Hwn yw'r unig lyfr i adrodd hanesion y digwyddiadau yn llawn, gan mai'r ddau awdur oedd yr ymchwilwyr cyntaf i gyf-weld â llygad-dystion. Ceir yr hanesion yn fanwl ynghyd â hanesion am welediadau eraill yn y rhan hon o Gymru.

Gwelwyd pethau yr un mor rhyfedd yn y gogledd hefyd. Un prynhawn ym mis Chwefror, wrth i ddosbarth o ferched Ysgol

Gynradd Rhosybol, Ynys Môn, ymarfer mewn gwers bêl-rwyd ar iard yr ysgol, gwelsant rywbeth anarferol iawn. Trwy lwc, ers blynyddoedd roeddwn i'n adnabod merch i'r athrawes a oedd gyda'r merched ar y pryd. Teithiais i Ynys Môn i gyfarfod â'r gyn-athrawes.

Esboniodd Mair Williams fod y tywydd yn hyfryd o glir ar y pryd. Wrth i Gwawr Jones, 10 oed, anelu'r bêl am y rhwyd, sylwodd ar rywbeth rhyfedd yn yr awyr a gwaeddodd ar y lleill i edrych i fyny. Yno buont yn gwylio 'soser fflio' am tua deng munud nes i awyren filwrol agosáu. Diflannodd y tu ôl i'r unig gwmwl oedd yn yr awyr, gan beidio ag ail-ymddangos.

Aeth Mrs Williams â'r plant i mewn i'r dosbarth a gofyn iddynt wneud lluniau o'r hyn a welsant, a hynny ar wahân. Cawsant eu holi ar raglen newyddion *Y Dydd* HTV Cymru pan ddywedodd y merched nad oedd neb yn eu credu. Llwyddais i gael copi o'r eitem a synnwyd fi wrth glywed y newyddiadurwr yn gofyn yn amheus: 'Ydach chi'n siŵr eich bod yn dweud y gwir?'

Roedd hyn, medd Mrs Williams, yn nodweddiadol o agwedd pobl ar y pryd. Fe fu hi ei hun yn destun gwawd gan bobl leol a chan y wasg yn dilyn yr adroddiad. Oherwydd hynny, nid oedd wedi sôn am y digwyddiad ers blynyddoedd, ond cadwodd gopi o'r lluniau a wnaed gan y merched. Pwysleisiodd Mrs Williams fod yn rhaid cymryd gallu artistig y merched 10 oed i ystyriaeth wrth gymharu'r lluniau. Ac o gofio hyn, mae siâp elfennol y lluniau i gyd yn cyfateb i'w gilydd. Roedd rhan uchaf yr *UFO* i'w weld yn ddu ond y darn isaf yn adlewyrchu'r haul.

Cysylltodd yr ysgol â'r Llu Awyr yn y Fali i adrodd yr hanes, a daeth swyddogion i'r ysgol, ond doedd ganddynt ddim diddordeb. Awgrymodd Mrs Williams wrth swyddogion o'r Fali y dylai peilot yr awyren fod wedi gweld y soser, gan iddo anelu amdani. Gwadodd y swyddogion iddynt dderbyn unrhyw adroddiad o'r fath gan unrhyw beilot. Dywedwyd hefyd nad oeddent wedi gweld unrhyw beth ar eu systemau radar.

Er nad yw'r hanes mor ddramatig â'r hyn a welwyd yn Broadhaven bythefnos ynghynt, mae'n debyg fod y merched yn dal yn benderfynol iddynt weld 'soser fflio'.

Gofynnais i Mrs Williams a oedd y digwyddiad wedi newid ei golwg ar fywyd. Dyma'i hateb:

'Na, nid felly. Doeddwn i ddim yn coelio yn y pethau yma nes i mi weld hwn hefo'n llygaid fy hun. Ond ers y digwyddiad, bob nos cyn mynd i'r gwely, byddaf yn sbio ar y sêr am ychydig funudau rhag ofn i mi weld rhywbeth yno.

Ychydig wedi'r digwyddiad, roeddwn wedi mynd i weld ffrind i mi, cyn-brifathrawes. Gofynnodd ei gŵr, y Parchedig R M Tomos, a oedd newydd ymddeol, a oeddwn yn meddwl fy mod wedi gweld rhywbeth o blaned arall. "Dw i'm yn gwybod am hynny," meddwn, ac yna fe atgoffodd fi o adnod o'r Beibl, "A defaid eraill sydd gennyf, y rhai nad ŷnt o'r gorlan hon." (Ioan 10.16.) Dau gwestiwn sydd yn dal gennyf am yr hyn a welais: o ble daeth y peth 'ma, ac i ba le'r oedd o'n mynd?'

Ychydig ddyddiau wedi'r digwyddiad hwn, ar y nos Iau a'r bore Gwener, ym mhentref Bodorgan yn ne-orllewin Ynys Môn, gwelwyd *UFO* arall. Roedd Mrs Hilda Owen, gwraig y plismon lleol, yn paratoi i fynd i'r gwely a'i gŵr allan ar ddyletswydd. Wrth iddi gau'r llenni, gwelodd olau yn yr awyr a meddyliodd fod un o awyrennau'r Fali ar dân. Gwelodd y cochni uwchben y môr yng nghyffiniau Aberffraw, tua dwy filltir i ffwrdd. Disgwyliodd glywed ffrwydrad a gweld awyren yn disgyn i'r môr ond yna sylweddolodd fod y 'tân' yn aros yn ei unfan.

'Meddyliais wedyn mai hofrennydd oedd o,' meddai Mrs Owen wrthyf. 'Ond yn lle ffrwydrad, tyfodd y tân yn fwy, wyddoch chi. I ddechrau edrychai fel hanner cylch, ond wrth iddo dyfu i fyny fe ddaeth yn gylch llawn. Roedd o fel "flying saucer" ond wedi'i throi i fyny ar ei hochr. Roedd yn fflat, ac wrth i'r top ddod i'r golwg, fe welais "portholes" yn mynd o amgylch y "rim". O, roeddwn i wedi dychryn. Dwn i ddim am be', chwaith. Ond o'n i wedi tynnu'r cyrtan ac yn pipio o'r tu ôl iddi. Doeddwn i'n methu coelio'r peth. O'n i'n cau'r cyrtan, ond wrth bipio allan, roedd o'n dal yno. Mae pobol yn gofyn beth oedd ei seis o; baswn i'n dweud ei fod o mor fawr â thri neu bedwar bws "double decker".'

Pan gyrhaeddodd ei gŵr adre a chlywed yr hanes, cydiodd mewn pâr o finocwlars pwerus a gwyliodd yr *UFO* yn dringo a phellhau gan symud fel pendil cloc, rhywbeth sy'n gyffredin mewn gwelediadau. Aeth yn llai a llai cyn diflannu'n llwyr. Tynnodd Mrs Owen fraslun o'r gwrthrych ar unwaith mewn minlliw ar wydr y ffenestr. Cysylltwyd â'r Fali, ond doedd dim wedi dangos ar eu radar.

Ers y digwyddiad, mae Mrs Owen yn syllu i'r awyr bob nos cyn noswylio.

'Dach chi'n gwybod, roedd gen i "cine camera" a chamera tynnu ffotos yn y tŷ, a dw i'm yn gwybod pam wnes i ddim ffonio ffrindiau a chymdogion iddynt wylio'r peth. Baswn i wrth fy modd yn gweld un eto.'

1978

Mae ardal Llannerch-y-medd, Ynys Môn, wedi cael mwy na'i siâr o *UFOs* hefyd. Gwelwyd un ar nos Wener, Medi'r cyntaf gan rai o drigolion Maes Athen, dau griw o blant yn chwarae pêl-droed, dwy wraig yn mynd â'u cŵn am dro a ffermwr lleol.

Buont yn disgrifio goleuadau yn yr awyr, a llong ofod siâp bwled a newidiodd ei ffurf o flaen eu llygaid wrth lanio mewn coedwig gan frawychu'r gwartheg. Gwelwyd hefyd fodau rhyfedd ar ffurf ddynol yn crwydro'r caeau. Parhaodd y gwelediadau am rai oriau. Galwyd yr heddlu ond ni welwyd unrhyw olion a gwadodd y Llu Awyr unrhyw wybodaeth.

1990

Dengys adroddiadau am *UFOs* fod ganddynt ddiddordeb mawr mewn lleoliadau milwrol a sefydliadau niwclear. Fin nos ar 16 Hydref gwelwyd *UFO* gan dri o bobl yn ardal Bae Cemaes, yn hofran uwchlaw gorsaf niwclear Wylfa, Ynys Môn. Er nad oeddent yn gallu gweld gwrthrych, adroddwyd fod dau bâr o oleuadau gwyn yn hofran uwchben yr orsaf. Doedd y goleuadau ddim yn uchel iawn, yn cyfateb i ongl o rhwng 20 a 30 gradd. Gwelwyd hofrennydd *Wessex* melyn y Llu Awyr yn anelu tuag at y goleuadau, ond cyn iddo gyrraedd, fflachiodd golau glas-wyn ar yr *UFO* a saethodd o'r golwg. Teithiodd yn gyntaf tua'r gorllewin cyn chwipio i gyfeiriad gogledd-orllewinol. Amserwyd ei daith ac mae'n debyg iddo deithio chwe milltir mewn dwy eiliad. Er gwaethaf ymdrechion ymchwilwyr i ganfod gwybodaeth gan y Llu Awyr yn y Fali, lle mae dau hofrennydd melyn o'r fath yn cael eu cadw fel rhan o *Squadron 22*, gwadwyd eu bod yn gwybod dim am y digwyddiad.

1992

Roedd dau o bobl yn cerdded ar Draeth yr Ora, Dulas, Ynys Môn, ym mis Mehefin. Anesmwythodd y ddau, fodd bynnag, wrth i wrthrych mawr gwyn ymddangos yn yr awyr i gyfeiriad y de-orllewin.

Roedd y gwrthrych yn anferth gyda bandiau o liw coch, arian a gwyrdd yn ei amgylchynu. Yno hefyd roedd tri strwythur gwyn, llai o faint. Safodd y gwrthrychau yn eu hunfan gan siglo lan a lawr. Ni roddwyd adroddiad i'r awdurdodau am y digwyddiad.

Y demtasiwn yw esbonio'r digwyddiad hwn fel ffenomenon astronomegol ar yr olwg gyntaf. Pan fydd hi'n isel yng nghyfeiriad y de-orllewin, mae'r blaned Gwener yn aml yn cael ei chamgymryd am *UFO*. Gwelais y blaned yma fy hun ar sawl achlysur. Ac er ei bod hi'n llachar yn yr awyr, mae'n sicr yn rhy fychan i chi weld unrhyw fanylion fel bandiau lliw. Ac nid oes ganddi dair lleuad yn ei chylchynu.

Daw planed arall i'r meddwl, sef Iau. Mae gan y blaned hon fandiau, systemau tywydd enfawr, ac mae saith lloeren yn ei chylchynu. Mae'n bosibl gweld pedair o'r rhain gyda help binocwlars neu delesgôp. Ond mae angen telesgôp â lens wyth modfedd cyn medru gweld lliw. Mae'n saff, felly, dweud nad ffenomenon astronomegol a welwyd o Draeth yr Ora y noson honno.

1996

Am 4.45 y bore ar Fedi'r pedwerydd, gwelwyd golau llachar, hirgrwn gan ddau o bobl pentref Rhosneigr, Ynys Môn. Roedd yn hedfan yn weddol isel i'r dwyrain o'r pentref, a'r symudiad fel pendil. Ar ôl ei wylio am ychydig funudau, diflannodd y golau wrth i awyren agosáu ato.

Bu cryn gynnwrf gyda'r nos ar 30 Rhagfyr wrth i orsaf yr heddlu yn Llangefni, Ynys Môn, dderbyn nifer o alwadau ffôn gan aelodau'r cyhoedd yn ardal Llanfairpwll. Am hanner awr wedi wyth y derbyniwyd y gyntaf o ddeuddeg galwad gan rai a oedd yn gofidio am oleuadau rhyfedd yn yr awyr. Danfonwyd patrôl i ymchwilio i'r mater.

Roedd esboniad digon diniwed, fodd bynnag. Roedd ffair deithiol wedi cyrraedd Llanfairpwll fel atyniad noswyl y flwyddyn newydd ac wedi agor noson ynghynt. Doedd yr hyn a ddychrynodd y trigolion yn ddim byd mwy na goleuadau'r ffair yn adlewyrchu oddi ar y cymylau isel. O leiaf, cawsant esboniad credadwy!

I lawr yn Eglwyswrw ger Aberteifi, rhwng 6.00 a 6.30 yr hwyr ar 21 Tachwedd, gwelwyd dau wrthrych yn fflachio goleuadau coch a gwyrdd. Roedd tri llygad-dyst yn teithio mewn car rhwng Dinas ac Aberteifi pan glywsant sŵn tebyg i sŵn awyren jet. Am 7.30, gwelodd dau o bobl, eto mewn car, oleuadau glas a choch yn fflachio yn yr awyr ac yn croesi'r arfordir rhwng Mwnt a Phenparc, sydd rhwng Aberteifi ac Aberporth. Wrth i'r gwrthrych basio uwchben y car, gwelwyd yn glir ei fod ar siâp triongl. Wedi iddo basio, daeth golau melyn ar hyd-ddo ac yn sydyn, 'saethodd i ffwrdd fel bwled tuag at fynyddoedd y Preseli'. Ychydig funudau'n ddiweddarach, dychwelodd gan hofran uwchben y car cyn diflannu'n gyflym unwaith eto.

Am 8.45, ym mhentref Penparc, clywodd gwraig tŷ sŵn

tebyg i daran bell, eto ddim yn union fel taran. Aeth i edrych i'r ardd gefn gan ddisgwyl gweld awyren mewn trafferth yn yr awyr. Ond synnwyd hi wrth weld gwrthrych mawr trionglog yn hedfan yn araf dros ei phen. Dywedodd wrth ymchwilwyr fod corneli'r *UFO* yn grwn, ei waelod yn ddu a'r ochrau'n llwyd. Roedd goleuadau coch a glas y tu mewn i'r corneli trionglog wedi'u hamgylchynu gan olau oren, gwan. Dilynwyd yr *UFO* gan olau arall ar wahân a oedd yn fflachio.

Am 8.50 ym mhentref Rhydyfelin i'r de i Aberystwyth gwelodd rhywun wrthrych yn hedfan yn isel a chyflym iawn uwch toeau'r tai. Roedd golau gwyn ar ei flaen a golau coch y tu ôl. Ond oherwydd ei gyflymdra, roedd hi'n anodd gwahaniaethu rhwng y ddau. Saethodd yr *UFO* o'r golwg i gyfeiriad y môr. Yn ôl y tyst, roedd y gwrthrych yn hollol dawel.

Am 9.30, gwelodd tyst a oedd y tu allan i ganolfan fysys Aberteifi oleuadau coch, glas a melyn yn fflachio yn yr awyr. Roedd y cymylau'n cael eu goleuo'n glir a chlywodd y tyst graclo trydanol. A oedd rhywun yn tanio tân gwyllt o bell, tybed?

Tua 9.30, wrth i deulu o bump deithio adref mewn car o Bencader i Lanybydder, tua milltir cyn iddynt gyrraedd, gwelsant olau gwyn yn hedfan yn isel dros bennau'r coed i gyfeiriad y gogledd-orllewin. Synnwyd y pump o weld seren wib yn hedfan mor araf ac mor isel. Dechreuodd y golau ddringo i'r awyr (gan brofi nad seren wib mohono) a newidiodd liw i oren cyn diflannu mewn fflach lachar o olau gwyn. Roedd pawb yn credu bod awyren wedi ffrwydro, er na chlywyd unrhyw sŵn. Ni ddarganfuwyd unrhyw olion, fodd bynnag.

Rhwng 10.30 ac 11.00 o'r gloch, gwelodd dau berson yn Llanbadarn Fawr rywbeth mawr, llwyd yn hedfan uwchben coed Cwm Rheidol. Deuai golau ohono wrth iddo hedfan i lawr y cwm ac allan am Fae Ceredigion, lle bu'n hofran o fewn piler o olau. Heb unrhyw sŵn, hedfanodd o amgylch Aberystwyth sawl gwaith, gan newid ei safle yn yr awyr a 'neidio' o un lle i'r llall. Symudai'n llawer cyflymach nag awyren jet gyffredin. Yn wir, roedd hi'n anodd i'r llygaid ei ddilyn. Ar ôl tua hanner awr, diflannodd i gyfeiriad Nant y Moch a choedwig Hafren.

Gwelwyd llawer o oleuadau'n fflachio gan amryw o dystion y noson honno. Cawsant eu disgrifio fel 'mellt' ond pwysleisiodd pob tyst nad mellt a welsant.

Mae nifer o hanesion am bethau hedegog trionglog ledled Cymru yn ystod y 90au, ac efallai mai un o'r rhain a welais i a'm teulu ar nos Sadwrn, 4 Mai 1996.

Yn dilyn diwrnod braf ar benwythnos Gŵyl y Banc, roeddem wedi mynd i Ddinas Dinlle yng nghwmni fy chwaer-yng-nghyfraith a'i theulu. Wrth gyrraedd adref am 9.40, sylwais ar olau gwyn, llachar tebyg i sbotolau theatr, uwchben Tal y Mignedd yn Nyffryn Nantlle.

Peth digon cyffredin, bellach, yw gweld hofrenyddion o bob math a phob lliw uwchlaw'r dyffryn, a hawdd yw eu hadnabod fel *Chinook*, *Wessex*, *MH53*, *Sea King*, *Squirrel* ac ati. Daethom hefyd yn gyfarwydd a'u gwahaniaethu o glywed eu twrw. Roedd y noson yn ddistaw heb unrhyw fath o awel nac un cwmwl yn yr awyr. Wrth gyrraedd drws y ffrynt, aeth Dafydd, y mab hynaf, i'r tŷ i nôl binocwlars. Ac wrth ddod â'r golau i ffocws, rhyfeddais at yr hyn a welwn. Roedd y gwrthrych yn hofran yn union uwchben yr obelisg sydd ar gopa Tal y Mignedd ac yn ei oleuo mewn pyramid o olau porffor, tenau iawn. O amgylch lle tybiwn oedd canol y gwrthrych, roedd cylch o oleuadau gwyn, eto yn debyg i sbotoleuadau. Medrwn gyfrif pedwar golau, ar wahân i'r un llachar ar y pen blaen, ac roeddent ar ffurf cylch.

Ar y rhan uchaf roedd golau coch yn pylsio'n araf fel petai rhywun yn cynnau a diffodd swits pylu dro ar ôl tro. Roedd dau olau arall i'w gweld hefyd, un gwyrdd ac un glas, tebyg i'r rhai a welir ar flaenau eithaf adenydd awyren. Roedd y rhain yn goleuo drwy'r amser. Ond o wylio am dros ugain munud, rwy'n berffaith sicr nad awyren a welwn. Gwyliodd y plant hefyd, ond credai fy ngwraig mai hofrennydd a welem. Tueddwn i gytuno er na chlywem unrhyw sŵn. Fel arfer, medrwn glywed sŵn hofrenyddion sydd yn y cyffiniau, hyd yn oed pan nad yw'n bosibl eu gweld. Ac mae modd eu clywed yn hedfan o gwmpas yr Wyddfa, deirgwaith y pellter i ffwrdd.

Wrth i mi benderfynu mynd i'r tŷ i ffonio'r heddlu, symudodd y gwrthrych i ffwrdd a llithro'n llyfn i uchder o tua 100 troedfedd uwch llawr y dyffryn gan ddilyn amlinell llethrau'r mynydd. Trodd tua'r dwyrain a hedfan at droed yr Wyddfa cyn troi i'r dde a diflannu y tu ôl i'r mynyddoedd i gyfeiriad Rhyd Ddu. Gallai gwynt fod yn gyfrifol am chwythu'r sain i ffwrdd wrth i hofrennydd hofran uwchben mynydd. Ond wrth ddisgyn i'r dyffryn, fe fyddech chi'n disgwyl i sŵn y llafnau adleisio oddi ar lethrau'r mynyddoedd. Ond er inni wrando'n astud, doedd dim i'w glywed.

Roeddwn i'n dal i feddwl mai hofrennydd a welswn, felly ffoniais Lu Awyr y Fali fore trannoeth i ymholi. Atebwyd yr alwad gan lais yn dweud eu bod ar gau tan ddydd Mawrth oherwydd Gŵyl y Banc. Tybed sut ymateb fyddai yna petawn i wedi dweud fod awyren o Rwsia neu Tseina wedi dod i lawr yn y cyffiniau?

Am 9.30, fore dydd Mawrth y seithfed, ffoniais eto gan obeithio cael gwybod mai hofrennydd a welswn ar y nos Sadwrn cynt.

'*Are you on about UFOs?*' gofynnodd llais gwawdlyd y pen arall i'r ffôn.

Esboniais fy mod o'r farn i mi weld hofrennydd, a 'mod yn ffonio am gadarnhad.

'*Even if it was one of ours, I wouldn't tell you,*' hefrodd y llais.

Roeddwn i newydd ddarllen llyfr Nick Pope, *Open Skies, Closed Minds*. Roedd Pope yn gyn-swyddog yn Adran *Sec(AS)2a* (*DAS4a* bellach), ac wedi cyhoeddi'r llyfr i gofnodi sut oedd ei waith wedi gwneud iddo newid ei feddwl am fodolaeth *UFOs*. Yn y llyfr mae'n nodi mai polisi'r Llywodraeth yw galluogi unrhyw aelod o'r cyhoedd i adrodd unrhyw wybodaeth berthnasol i'r Weinyddiaeth Amddiffyn yn uniongyrchol, drwy unrhyw faes awyr sifil neu filwrol, neu drwy swyddfa heddlu.

Wedi i mi ei atgoffa o hyn, cyffrôdd y llais gan fy nghynghori i adrodd wrth yr awdurdod lleol os oeddwn am ddweud wrth rywun o gwbl. Diolchais i'r creadur annymunol a chan fy mod yn methu â meddwl i ba adran o Gyngor Sir Gwynedd i'w ffonio, penderfynais alw Heddlu Caernarfon. Cefais fy nhrosglwyddo i bedair adran wahanol yn ystod yr ugain munud y bûm ar y ffôn. Credai pob un fod ganddynt ffurflen neu rif ffôn ar gyfer cofnodi'r fath wybodaeth. Ond doedd neb yn siŵr gan bwy oedd y ffurflen neu'r rhif.

O'r diwedd daeth cwnstabl ar y lein gan ymddiheuro am fy nghadw a rhoi rhif ffôn arall i mi. Ond dyna siom pan ddeialais y rhif a chlywed llais rhywun o *BT* yn dweud nad oedd y fath rif yn bodoli. Rhoddais gynnig arall arni, deialu'r rhif a chael yr un ymateb. Gan mai dyma'r unig rif i'r heddlu ei roi i mi, ffoniais eto i'r Fali i ofyn am y rhif cywir, gan obeithio mai rhywun arall fyddai'n ateb. Dim ffiars o beryg!

'*I thought I told you to report it somewhere else . . .* ' cyfarthodd y llais.

Dywedais yn gwrtais i mi wneud hynny. Esboniais y sefyllfa a holi a oedd y rhif cywir ganddo. Mwmblodd rywbeth aneglur. Ond o fewn hanner munud roedd gen i rif arall.

Wedi deialu'r rhif newydd, cyhoeddodd llais rhywun fy mod wedi cysylltu â'r pencadlys traffig awyr milwrol yn West Drayton ger Llundain. Doeddwn i ddim wedi disgwyl hyn a dywedais yn ansicr fy mod i'n ymdrechu i gael gwybodaeth am hofrennydd rhyfedd a welswn ar y nos Sadwrn cynt. Trosglwyddwyd fy ngalwad, ac wedi i mi esbonio'r sefyllfa dywedodd y llais:

'*Oh, do you want to report a UFO?*'

'*Well, I suppose I do,*' atebais.

Wedi cael derbyniad negyddol gan y llais yn y Fali, roedd ymateb hwn yn gwrtais a di-emosiwn fel petai'n gyfarwydd â gofyn cwestiynau o'r fath bob dydd o'r wythnos.

A dyna ni. A hithau bellach yn tynnu at 1.15 y prynhawn, roeddwn o'r diwedd wedi ffeilio fy adroddiad cyntaf am UFO.

Er hynny, rydw i'n dal yn grediniol hyd heddiw, petai rhywun wedi dweud wrthyf mai hofrennydd a welswn, y byddwn wedi derbyn yr esboniad. Yn anffodus, ni allaf dystio gydag unrhyw sicrwydd nad hofrennydd a welais. Ond ni allaf chwaith ddweud yn union beth a welais. Yn sicr, os hofrennydd, nid oedd yn debyg i'r rhai sy'n gyfarwydd i mi.

Tua 4.15 y prynhawn hwnnw, roeddwn allan yn chwynnu'r ardd ffrynt pan glywais, drwy'r tawelwch, sŵn awyren jet yn y pellter. Sythais fy nghefn ac edrych i fyny. I gyfeiriad y de, a thu ôl i fast Nebo, roedd dwy awyren Americanaidd *F-15E* o faes awyr RAF Lakenheath yn hedfan. Doedd dim byd yn hedfan o'r Fali y diwrnod hwnnw. Hedfanodd un awyren mewn siâp ffigwr wyth o amgylch y mast ac yna dychwelyd, yn rhannol, yr un ffordd ag y daethai cyn troi i'r gogledd yn sydyn gan basio tua 100 troedfedd uwchben yr obelisg ar Dal y Mignedd. Ni theithiai'n gyflym a chadwodd ar linell unionsyth. Ond wrth basio Tal y Mignedd, agorwyd y throtl, a chyda sŵn anferthol yn rhuo o'r injan, cyflymodd nes dal yr awyren arall. Trodd y ddwy gyda'i gilydd i'r de-orllewin gan ddiflannu i'r cyfeiriad y daethant ohono.

Dyma'r unig awyrennau a welswn uwch y dyffryn yr wythnos honno, a meddyliais fod hyn yn ddigwyddiad rhyfedd yn dilyn fy ngalwad i West Drayton yn gynharach yr un diwrnod. Wfftio hyn wnaeth Sandra, fy ngwraig. 'Ti a dy *conspiracies*,' meddai, gan fynnu mai cyd-ddigwyddiad oedd y cyfan. Ac mae'n siŵr ei bod hi'n iawn.

Ond penderfynais ymchwilio mwy i'r gweledidad fy hun. Ffoniais *Secretariat (Air Staff) 2a* yn Whitehall ar Orffennaf 26 i holi am esboniad. Derbyniais lythyr oddi wrth Gaynor South dyddiedig 30 Gorffennaf 1996 yn esbonio mai pethau cyffredin wedi'u cam-adnabod yw canran uchel o *UFOs*. Doedd yna ddim ymarferiadau na hofrenyddion yn yr ardal ar y noson dan sylw.

Wel, os nad yr *RAF* oedd yn gyfrifol, beth nesaf? Ysgrifennais ar 27 Awst at y *National Air Traffic Services* (*NATS*), adran o'r Awdurdod Hedfan Sifil (*CAA*) i ofyn am fanylion lòg hedfan unrhyw hofrennydd sifil neu breifat oedd yn yr ardal ar y noson dan sylw a allai esbonio'r hyn a welais. Roeddwn wedi cael ar ddeall fod maes awyr Caernarfon yn Ninas Dinlle ar gau ac nad oedd hofrennydd Heddlu Gogledd Cymru yn yr awyr ar y pryd.

Derbyniais ateb dyddiedig 4 Tachwedd 1996 yn esbonio nad oedd yr un awyren na hofrennydd o dan eu rheolaeth yn hedfan yn yr ardal ar y pryd. Roedd Neil Duncan, swyddog *NATS*, wedi archwilio'r cofnodion canolog a chysylltu â'r Ganolfan Rheoli Awyr ym Manceinion ac wedi derbyn cadarnhad nad oeddent wedi derbyn unrhyw adroddiad na signal radar yn dangos unrhyw beth a allai esbonio'r hyn a welsom 'nôl ym mis Mai. Gan nad oedd yn bosibl i mi fynd â'm hymchwiliad ymhellach, yr unig gasgliad y gallaf ddod iddo yw mai *UFO*, yng ngwir ystyr y term, sef gwrthrych nad oedd yn bosibl ei adnabod, a welsom.

Pennod 8

BETH SY'N CAEL EI GUDDIO?

Mae diffyg diddordeb gweledol gan asiantaethau'r llywodraethau ledled y byd yn awgrymu, ar yr olwg gyntaf, nad oes unrhyw beth y tu ôl i welediadau UFOs, heb sôn am unrhyw un o'r ffenomena eraill. Wrth edrych ychydig yn ddyfnach, fodd bynnag, mae'n bosibl gweld nad yw'r asiantaethau hyn bob tro yn datgelu'r gwir. Ym Mhrydain, o leiaf, maen nhw'n tueddu i eirio'u hatebion mewn iaith debyg i iaith gwleidyddion – peidio â rhoi ateb os yn bosibl, neu gynnig ateb cyffredinol am bolisi ond bod yn ddigon gofalus i beidio â dweud celwydd.

Dim ond un astudiaeth swyddogol a chyhoeddus sydd wedi ei chynnal yn y byd, a hynny yn UDA. Sefydlwyd *Blue Book* gan yr *USAF* ar safle Maes Awyr Wright Patterson, Ohio, gyda'r bwriad o gasglu adroddiadau o gyfandir America. Tri aelod o staff yn unig oedd wrth y gwaith, Lefftenant, Rhingyll a'r astronomegydd enwog, J Allen Hynek. Roedd hi'n dasg amhosibl. Gyda'r Llu Awyr yn blino ar dderbyn adroddiadau gan y cyhoedd, comisiynwyd archwiliad gan Brifysgol Colorado, *Scientific Study of Unidentified Flying Objects*, i edrych ar ddata a oedd wedi'i gasglu dros y 30 mlynedd cynt. Ar daflen wybodaeth gan lywodraeth UDA, rhif FS-2000-01-015-HQ, gwelir y dyfyniad hwn:

As a result of experience, investigations and studies since 1948, the conclusions of Project Blue Book were:

(1) no UFO reported, investigated, and evaluated by the Air Force was ever a threat to our national security;

(2) there was no evidence submitted to, or discovered by, the Air Force that sightings categorized as "unidentified" represented technological developments or principles beyond the range of modern scientific knowledge;

(3) there was no evidence indicating that sightings categorized as

"unidentified" were extraterrestrial vehicles.
(4) Of the total of 12,618 sightings reported to Project Blue Book, 701 remain "unidentified".

Mae'r crynodeb yma o'r adroddiad wedi cael ei ddefnyddio'n helaeth iawn gan y wasg. Ond mae'n rhaid nodi nad oes llawer o sylw wedi'i roi i'r adroddiadau a wnaethpwyd gan beilotiaid milwrol o fewn 701 anhysbys. Roeddynt yn hedfan yr awyrennau mwyaf blaenllaw ar y pryd ac fe gawsant eu lansio i geisio dal yr *UFOs*, ond heb lwyddiant. Nid oes ychwaith sôn am y gwelediadau hynny o'r llawr, o'r awyr, ac ar *radar* yr un pryd. Disgrifiwyd yr adroddiadau hyn fel rhai y dylid eu harchwilio'n bellach, a chynghorwyd y llu awyr mai ar achosion tebyg i'r rhain y dylid canolbwyntio.

Adnabyddir yr adroddiad fel arfer y *Condon Report* yn dilyn cyfenw'r Athro Ffiseg, Dr Edward Condon, a oedd yn bennaeth ar archwiliad y brifysgol. Bellach rydym yn gwybod iddo gael defnyddio adnoddau megis lluniau a dogfennau cyfrinachol a oedd ym meddiant y *CIA*. Ond gan mai polisi swyddogol yr asiantaeth honno oedd gwadu unrhyw ddiddordeb yn y pwnc, y farn gyffredinol yw fod y *CIA* wedi dylanwadu ar ganlyniad yr archwiliad er mwyn cael rhwydd hynt i barhau i ymchwilio i'r ffenomenon yn ddigon pell o lygaid y cyhoedd. Yn wir, does dim amheuaeth i Condon benderfynu cyn cychwyn ar ei ymchwiliad nad oedd dim byd i'r ffenomenon.

Ymddiswyddodd dau wyddonydd o'i banel wedi i un o'i brif wyddonwyr, Dr Richard Low, anfon memorandwm ato ac i hwnnw gael ei ryddhau i'r wasg yn answyddogol. Mynnodd y memorandwm mai tric oedd y cyfan er mwyn gwneud i banel o wyddonwyr ymddangos yn ddi-duedd wrth edrych am dystiolaeth i brofi'r ffenomenon, cyn dod i'r casgliad nad oedd yna dystiolaeth dros hynny. Mae'n debyg bod y ddau a ymddiswyddodd o'r farn mai grym arallfydol oedd y tu cefn i'r gwelediadau, ac iddynt gael eu siomi am nad oedd y llywodraeth yn fodlon cynnal astudiaeth deg o'r dystiolaeth oedd ar gael.

Mae'n bosibl gwrthbrofi pob un o gasgliadau Adroddiad Condon, nid yn unig drwy astudio'r data sy'n bodoli, ond hefyd drwy ddarllen amrywiaeth o ddogfennau a ddaeth i'r golwg yn sgîl y Ddeddf Rhyddid Gwybodaeth. Beth am hyn, er enghraifft?

. . . reports of unidentified flying objects which could affect the national security are made in accordance with JANAP 146 or Air Force Manual 55 – 11, and are not part of the Blue Book system.

Memo mewnol gan y Brigadydd Gadfridog CH Bolender, Dirprwy Gyfarwyddwr Ymchwil a Datblygu yr *USAF*, a ddyddiwyd 20 Hydref 1969 yw hwn. Hynny yw, nid oedd adroddiadau sensitif am *UFOs* yn cyrraedd ffeiliau *Blue Book* o gwbl, felly nid oeddent yn rhan o ymchwiliad Condon.

Derbyniodd ymchwilydd yn UDA ffilm feicro drwy'r post yn 1984. Arni roedd manylion panel cyfrinachol a sefydlwyd gan yr Arlywydd Truman yn 1947 i ymchwilio i *UFOs*. Enw'r panel oedd *Majestic 12* neu *MJ 12*, ac mae'n debyg mai'r dosbarthiad diogelwch i sicrhau mynediad at wybodaeth y grŵp oedd *Top Secret, Majic*. Bu llawer o ddadlau am ddilysrwydd cynnwys y ffilm feicro ond mae sawl cynarbenigwr o'r *CIA* wedi cydnabod fod *MJ12* neu grŵp tebyg wedi ei sefydlu'n gyfrinachol ac yn para hyd heddiw, bron yn sicr, o dan enw gwahanol.

Efallai fod memorandwm arall a ryddhawyd yng Nghanada, un cyfrinachol tu hwnt, yn dystiolaeth o fodolaeth grŵp *Majestic*. Ysgrifennwyd y memo ar 21 Tachwedd 1950 gan Wilbert B Smith, uwch-wyddonydd radio a gyflogid gan Adran Drafnidiaeth Llywodraeth Canada. Yn dilyn cyfnod o weithio yn Washington DC, danfonodd y memo at Reolwr Telathrebu Llywodraeth Canada gan awgrymu'n gryf y dylid penodi asiantaeth i astudio *UFOs* er mwyn datblygu'r technolegau newydd roedd y rheiny yn eu dangos. Ar ôl sgwrs gyfrinachol â'r Dr Robert Sarbacher yn Washington, ysgrifennodd:

a) The matter is the most highly classified subject in the United States Government, rating higher even than the H-bomb.

b) *Flying saucers exist.*
c) *Their modus operandi is unknown but a concentrated effort is being made by a small group headed by Doctor Vannevar Bush.*
d) *The entire matter is considered by the United States authorities to be of tremendous significance.*

Mae aelodaeth *Majestic 12* yn gwneud synnwyr o glywed hyn – cymysgedd o wyddonwyr ac aelodau o bob un o'r lluoedd arfog wedi'u galw at ei gilydd i astudio'r dechnoleg ffuglennol-wyddonol yn ymwneud ag *UFOs*, a chan na wyddent eu pwrpas, i ddatblygu strategaeth a allai ddygymod â'r sefyllfa. Ai oherwydd gwaith cynnar y criw hwn y llwyddodd uned o'r fyddin i saethu *UFO* i lawr yn Ramstein, Yr Almaen, yn 1976? Dyna'r honiad a wnaed gan y diweddar Gyrnol Philip Corso yn ei gyfrol. Un o'r datblygiadau a ddeilliodd o ddigwyddiad Roswell, yn ôl Corso, fu arf newydd a weithiai drwy ail-greu dyfais a adwaenir fel *accelerated particle beam weapon*. Byddai tanio pelydr egni y fath arf, meddai, yn difetha electronau'r targed a byddai curiadau electromagnetig yn dileu pob system drydanol a feddai'r targed.

Ai dyn allan o'i gof oedd Corso? Neu ai rhywun â stori anghredadwy, ond gwir serch hynny? Does neb, hyd yma, wedi llwyddo i ddad-brofi ei honiad.

Drwy holl wledydd y byd, mae'n anodd, os nad yn amhosibl, cael mynediad at gofnodion swyddogol *UFOs*, er yn swyddogol nid yw'r pwnc yn un sy'n cael sylw gan Lywodraethau. Fodd bynnag, rhyddhawyd miloedd o ddogfennau yn UDA ers i Jimmy Carter sefydlu'r Ddeddf Rhyddid Gwybodaeth yn 1974. Mae'r Ddeddf yn un bwerus tu hwnt sy'n gwarantu elfen o atebolrwydd asiantaethau i'r cyhoedd. Llwyddodd y grŵp *Citizens Against UFO Secrecy (CAUS)* i orfodi'r *CIA, DIA* a'r *NSA* i gyfaddef bod ganddynt dros 1400 o ddogfennau ar y pwnc nad oeddynt am eu rhyddhau oherwydd 'oblygiadau diogelwch cenedlaethol'. Ac er i *CAUS* ddwyn achos cyfreithiol dros ryddhau'r dogfennau, aflwyddiannus fu'r ymgyrch. Dywedwyd y byddai eu rhyddhau yn datgelu ffynonellau a dyfeisiau casglu gwybodaeth. Cyflwynwyd affidafid 47 tudalen i'r Barnwr ei astudio, a gosodwyd gorchymyn clirio diogelwch uchel iawn arno. O'r herwydd, ni chafodd cyfreithiwr *CAUS*, Peter Gersten, weld yr affidafid. Ni fedrai, felly, gyflwyno achos yn erbyn y gwaharddiad. Ni ryddhawyd unrhyw ddogfennau.

Hwn, efallai, yw gwraidd y cyhuddiad fod y gwir yn cael ei guddio mewn rhai ffyrdd. Ar yr un llaw, cawn yr awdurdodau yn dweud nad oes unrhyw sail i hyn. Ar y llaw arall, gwrthodir cydnabod digwyddiadau a gwrthodir hefyd ryddhau dogfennau. A chedwir pobl yn ddistaw drwy rym y Ddeddf Cyfrinachau Swyddogol. Mae'n bosibl cadw cyfrinachau ar y lefel uchaf o ddiogelwch gyda dim ond un person, mewn rhai achosion, yn gwybod manylion prosiect cyfan. Fel y dywedodd Dr Stanton T Friedman, yr ymchwilydd *UFO* a'r gwyddonydd niwclear a fu'n gweithio ar brosiectau milwrol cyfrinachol yn y 60au, roedd y diogelwch yn dibynnu ar rannu popeth yn adrannau. Hynny yw, efallai y byddai dwsinau o bobl yn gweithio ar yr un prosiect ond na châi'r grwpiau neu unigolion wybod pwy oedd yn gweithio ar rannau eraill yr un prosiect, er bod y gwaith yn aml iawn yn gysylltiedig. Caent wybod yr hyn a fyddai'n angenrheidiol i'w rhan nhw o'r gwaith, ond dim byd mwy.

Dywedodd Corso fod y rheol 'gwybod yr hyn sydd ei angen yn unig' (*need to know*) yn hanfodol pan oedd gweddillion damwain Roswell yn cael eu rhannu rhwng y diwydiannau milwrol i'w hastudio a'u datblygu. Cyn belled ag yr oedd y contractwyr hyn yn gwybod, derbyn technoleg o wlad estron oedden nhw, nid technoleg o blaned arall. Doedd dim pwrpas holi ymhellach gan nad oedd arnynt angen gwybod. Felly nid oeddent yn cael gwybod. Dyna'r rhesymeg.

Mae yna ddigon o ddogfennau yn UDA i brofi fod cuddio'r gwir wedi digwydd. Ac er i'r gwahanol asiantaethau wadu hynny, mae'n hawdd deall y diddordeb sydd ganddynt yn y maes. Gan eu bod i gyd, ar wahân i brosiect *Blue Book*, wedi gwadu yn y gorffennol fod ganddynt ffeiliau, hawdd credu y gwnânt eto guddio y tu ôl i len o wadu. A beth am yr honiadau am gelu'r gwir ym Mhrydain? Er bod y mwyafrif o ymchwilwyr *UFOs* yn argyhoeddedig fod gwybodaeth yn cael ei chuddio, pa dystiolaeth sydd yna i'r fath gyhuddiad?

Yn sicr, roedd yna ddigon o dystiolaeth i berswadio aelodau Tŷ'r Arglwyddi bod y Llywodraeth yn cuddio'r gwirionedd. Cychwynnwyd y ddadl ar 18 Ionawr 1979 gan Arglwydd Clancarty, a derbyniodd ei honiadau gefnogaeth nifer o'r aelodau eraill. Un o'r rhain oedd Arglwydd Kimberley, cyn-Lefarydd y Rhyddfrydwyr ar Faterion Awyrofodol:
I think the general public should be encouraged to come forward with evidence. Many do not, for fear of being ridiculed. Let them be open; let them be honest; let them badger their Member of Parliament and the Government to be open with them and to cease what I am convinced is a cover-up here. The people of Britain have a right to know all that the Governments, not only from this country but others throughout the world, know about UFOs.

Un arall i gefnogi'r alwad oedd Arglwydd Rankeillour:
Those who report seeing UFOs are taken to be misinformed, misguided and rather below par in intelligence. If this is so, why has some of my information on this subject been given to me by the Ministry of Technology? Why should this Ministry waste its time gathering false information? Of course, it is not false information: it is data reported by civil and Air Force pilots, policemen, sailors and members of the general public who have all had personal experience which has intrigued and/or frightened them.

Protestiodd Arglwydd Strobolgi, cynrychiolydd y Llywodraeth, wrth gau'r ddadl, am nad oedd dim tystiolaeth wedi'i chynnig i argyhoeddi'r Llywodraeth bod estroniaid arallfydol yn ymweld â Phrydain gan ddweud:
It has been suggested in this debate that our Government are involved in an alleged conspiracy of silence. I can assure your Lordships that the Government are not engaged in any such conspiracy. There is nothing to have a conspiracy of silence about.

Serch hynny, heblaw am *Blue Book*, nid oes yr un llywodraeth wedi cyhoeddi canlyniadau eu hastudiaethau o *UFOs*. Dywedwyd wrth Winston Churchill bod astudiaeth gyflawn wedi ei chynnal yn 1951, ond ni chyhoeddwyd yr adroddiad erioed. Holais *Sec(AS)2a*, y ddesg wybodaeth *UFOs* o fewn y Weinyddiaeth Amddiffyn, beth oedd hanes yr adroddiad. Dyfynnaf o'r ateb, dyddiedig 12 Mai 1988.

1) . . . I have consulted our records branch who advise that the MOD holds no papers relating to the 'UFO' phenomenon over thirty years old, i.e. papers dating earlier than 1968. The absence of this report at the PRO leads me to conclude that it has regrettably not survived the passage of time.

Beth am yr honiadau fod defnydd wedi'i wneud o'r Ddeddf Cyfrinachau Swyddogol i guddio gwybodaeth am *UFOs*? Mae yna sawl achos ar gof a chadw o bobl yn adrodd am *UFOs* ac yna'n cael ymweliad gan rywrai o un o asiantaethau dirgel y llywodraeth. Cawsant eu gwahardd rhag trafod eu profiadau a rhoddwyd pwysau'n arnynt i arwyddo cytundeb oedd yn eu clymu i ofynion y ddeddf. Gofynnais, heb gysylltu'r cwestiwn ag *UFOs*, sut y caiff y ddeddf ei gweithredu. Dyma'r ateb:

3) . . . anyone contravening the Act makes themselves liable to prosecution and, if found guilty, liable to penalty as proscribed by law. This Act of Parliament applies equally to all UK citizens; members of the public, as well as serving and ex-service personnel.

Mae'r modd gan Lywodraeth Prydain i gadw gwybodaeth rhag y cyhoedd yn gyfreithlon. Ond a yw'n bosibl profi hynny yng nghyswllt *UFOs*? Ym mis Ebrill 1955, cyhoeddodd y Weinyddiaeth Awyr fod canlyniadau archwiliad i *UFOs* gan y Llu Awyr Brenhinol, a barodd am bum mlynedd, wedi ei anfon at uwch swyddogion o fewn y Weinyddiaeth. Ychwanegwyd na châi'r adroddiad fyth mo'i ryddhau i'r cyhoedd 'am resymau diogelwch'. Yn ddigon rhyfedd, nid yw'r adroddiad hwn, chwaith, ar gael erbyn heddiw.

Y cwestiwn yr hoffwn gael ateb iddo yw a fyddai canlyniadau unrhyw adroddiad a chasgliadau ymchwil gan asiantaethau'r llywodraeth, ac a dalwyd gan arian cyhoeddus, yn cael eu dinistrio wedi pum mlynedd? Yn ogystal, a oedd yn ddigon pwysig i'w gadw'n gyfrinachol? Yr unig reswm dros hyn, fe dybiaf, yw bod adroddiadau a chasgliadau newydd yn eu disodli. Bu nifer fawr o adroddiadau am *UFOs* adeg y Rhyfel Oer yn enwedig, a gafodd eu gweld uwchben unedau milwrol a gorsafoedd niwclear y pwerau ar y ddwy ochr i'r llen haearn. Os derbyniodd llywodraethau Rwsia, Ffrainc, UDA ac eraill adroddiadau am ddigwyddiadau fel hyn, mae'n deg meddwl fod Prydain hefyd yn ymwybodol o'r fath ddigwyddiadau.

Daeth dwy ffeil i'r golwg yn yr Archifdy Gwladol sydd, yn ôl rhai, yn profi diddordeb cyfrinachol y Llywodraeth yn y pwnc. Memo â'r pennawd *SECRET* yw'r gyntaf. Cafodd ei baratoi gan yr Arweinydd Sgwadron GD Edwards ar ran Uwch Swyddog Staff Awyr yn *HQ No 11 Group* y Llu Awyr Brenhinol, dyddiedig 6 Rhagfyr 1956. Dechreua'r memo drwy dynnu sylw at ddau lythyr a anfonwyd at unedau *Fighter Command* rhwng Ionawr a Rhagfyr 1953 yn cynnwys cyfarwyddiadau ar sut i ddygymod ag achosion o ffenomena awyr anarferol. Nid oedd y cyfarwyddiadau hyn yn cael eu dilyn.

Rhif Ffeil *PRO AIR 20/9994+20/9995*.

1) . . . So that units may know the action to be taken in future sightings, the letters referred to above are summarised in the following paragraphs.

2) Sightings of aerial phenomena by Royal Air Force personnel are to be reported in writing by Officers commanding Units immediately and directed to Air Ministry (DDI Tech) with copies to Group and Command Headquarters . . .

I ymchwilio i ystyr y memo, byddai'n ddelfrydol darganfod rhywbeth o'r ffeiliau y cyfeirir atynt. Soniais ynghynt am ymglymiad *DDI Tech* i'r ffenomenon, a'r gwadu swyddogol am hyn. Ni ellid cael tystiolaeth fwy eglur na hyn eu bod, wedi'r cyfan, yn astudio'r ffenomenon. Awgryma hyn i mi y byddai'n anarferol iawn na fyddai o leiaf grynodeb o'u gwaith mewn bodolaeth yn rhywle. Ond dywed y Weinyddiaeth Amddiffyn nad oes y fath beth yn bod. Tybed faint o wybodaeth a ddinistriwyd pan grëwyd y Weinyddiaeth yn ei ffurf bresennol yn 1963?

Meddyliwch am yr holl straeon sy'n dal i bara gan gynbeilotiaid yn unig, diolch i ymchwilwyr a phobl fel Syr Peter Horsley, eto nid yw'r adroddiadau a baratowyd ar y pryd wedi'u cadw. Mae'n hollol glir fod *UFOs* wedi bod yn uchel iawn ar agenda'r Llu Awyr yn y cyfnod hwn, a rhyfedd fyddai meddwl mai dim ond un memo allan o'r 40 copi a argraffwyd – nifer y sefydliadau ar y rhestr ddosbarthu – a gadwyd. Mae'r un mor rhyfedd fod dogfennau pwysicach o lawer, sef yr astudiaethau gwyddonol gan yr asiantaethau cudd-wybodaeth a ddefnyddiwyd wrth lunio polisi'r Weinyddiaeth Amddiffyn, *heb* eu cadw. Eto, mae ambell un na ddylai fodoli yn dal i ymddangos o dro i dro.

Wrth sôn am lunio polisi, mae trydydd paragraff y memo yn ddiddorol.

3) It will be appreciated that the public attach more credence to reports by Royal Air Force personnel than to those by members of the public. It is essential that the information should be examined at Air Ministry and that its release should be controlled officially. All reports are, therefore, to be classified 'CONFIDENTIAL' and personnel are to be warned that they are not to communicate to anyone other than official persons any information about phenomena they have observed, unless officially authorised to do so.

Cyfarwyddyd pendant nad oedd aelodau'r Llu Awyr i sôn am unrhyw adroddiadau na phrofiadau ond drwy'r Weinyddiaeth. Mae'n bosibl, wrth gwrs, fod staff y Weinyddiaeth yn ceisio sicrhau na ddatgelid adroddiadau am wahanol fathau o arfau neu awyrennau cyfrinachol. Byddai hyn yn esbonio'r ymdrechion i gadw'r pwnc rhag cael ei drafod yn y wasg. Ar y llaw arall, er gwaethaf gwahanol ymchwiliadau, ni chynigiodd y Weinyddiaeth unrhyw esboniadau cyhoeddus, a chyda newyddion y dydd yn llenwi'r tudalennau blaen, buan yr anghofia'r wasg – yn ffodus efallai i'r awdurdodau – ailgydio yn yr abwyd.

Hwyrach fod y wasg wedi bod yn rhy barod i dderbyn y safbwynt swyddogol ar adegau, fel yn yr adroddiad hwn o *The Evening Standard* ar 6 Ebrill 1957 o dan y pennawd *The mystery of the object in the sky:*

The mystery of an unidentified object picked up by a Royal Air Force radar screen at West Freugh, Scotland, on Thursday, deepened today . . . Yesterday the Air Ministry had no doubt about it. An official said then that they had checked with the radar station, and that the object was a weather balloon, which had been sent up from Aldergrove airfield, Northern Ireland. . . It is understood that the West Freugh object was plotted at a great height.

A dyna ni, esboniad digon cyffredin fe ymddengys, a'r stori wedyn yn cael ei anghofio.

Ond dyma'r stori iawn, yn ôl ffeil a ddaeth i'r fei wedi'r rheol 30 mlynedd. Ar fore Mawrth, 4 Ebrill 1957, gwelodd gweithiwr radar o'r Uned Profi Bomiau yn West Freugh ger Stranraer signal ar sgrîn set radar. Lleoliad y signal oedd Balscalloch. Doedd dim byd i fod yn yr ardal honno a dangosodd y blip ar y sgrîn fod beth bynnag a'i hachosai yn ymddangos fel petai'n hofran, a'i uchder yn amrywio o rhwng 50,000 a 70,000 troedfedd, llawer uwch nag y medrai awyrennau'r cyfnod ei gyrraedd. Trowyd at system radar arall, a chadarnhaodd honno nad nam ar y set gyntaf oedd yn gyfrifol am y blip. Roedd rhywbeth yno.

Buont yn tracio'r gwrthrych am 10 munud cyn iddo ddechrau symud i gyfeiriad gogledd-ddwyreiniol gan gyrraedd cyflymdra o 70 milltir yr awr ar uchder o 54,000 troedfedd. Cadarnhawyd hyn gan drydedd orsaf radar tua 20 milltir i ffwrdd. Wedi tracio ac olrhain taith y gwrthrych am 20 milltir, gwelwyd e'n troi'n sydyn i gyfeiriad y de-ddwyrain gan gyflymu hyd at 240 milltir yr awr.

Cofnododd y drydedd system radar bedwar gwrthrych ychwanegol, yn teithio ar uchder o 14,000 troedfedd, tua 4,000 llathen ar wahân.

Mae'r ffeil rhif *AIR 20/9321* yn unigryw gan mai dyma'r unig un yn yr Archifdy Gwladol sy'n cynnwys dadansoddiad o'r dystiolaeth gan adran cudd-wybodaeth. A pha adran? Neb llai na *DDI(Tech)*. Dyfynnaf y rhannau mwyaf perthnasol.

7) It was noted by the radar operators that the sizes of the echoes were considerably larger than would be expected from normal aircraft. In fact, they considered that the size was nearer that of a ship's echo.

8) It is deduced from these reports that altogether five objects were detected by the three radars . . . Nothing can be said of the physical construction of the objects except that they were very effective reflectors of radar signals, and they must have been . . . of considerable size.

Ac i sicrhau na wnâi neb ddehongli'r ffenomenon yn anghywir:

9) There were not known to be any aircraft in the vicinity nor were there any meteorological balloons. Even if balloons had been in the area, these would not account for the sudden change of direction and the movement at high speed against the prevailing winds.

Ai hon yw'r dystiolaeth gryfaf i brofi fod twyllo'r cyhoedd yn digwydd? Mae'n amlwg fod y Weinyddiaeth wedi bwydo hanes y balŵn i'r wasg heb sylweddoli y byddai'r gwir yn eu trechu flynyddoedd yn ddiweddarach.

Ysgrifennodd fy Aelod Seneddol ar y pryd, Dafydd Wigley, at y Weinyddiaeth Amddiffyn ar fy rhan ar 12 Mehefin 1997, ac eto ar Hydref yr ail. Derbyniodd lythyr yn ôl saith mis yn ddiweddarach, dyddiedig 12 Ionawr 1998. Awdur y llythyr oedd John Spellar AS, Is-Ysgrifennydd Gwladol Amddiffyn. Ym mharagraff 2, tudalen 2 dywedodd:

My Department has no interest in, or role with respect to 'UFO/flying saucer' matters or the question of existence or otherwise of extraterrestrial lifeforms about which we remain open-minded. To date, my Department knows of nothing which substantiates the existence of these phenomena.

Er nad oedd *DDI(Tech)* yn rhan o Adran Mr Spellar yn 1997, mae'n hawdd profi mai ffals oedd ei ddatganiad nad oedd gan ei Adran yr un diddordeb na rôl mewn cysylltiad ag *UFOs*.

Diwedda'r adroddiad swyddogol am ddigwyddiad West Freugh fel hyn:

11) It is concluded that the incident was due to the presence of five reflecting objects of unidentified type and origin. It is considered unlikely that they were conventional aircraft, meteorological balloons, or charged clouds.

Mae hyn yn gwbl groes i ddatganiad Mr Spellar, sy'n codi'r cwestiwn – a ydi gwleidyddion mewn gwirionedd yn gwybod am fanylion y fath ddigwyddiadau? Ni allaf gredu y byddent yn fwriadol yn dweud rhywbeth a fyddai'n hawdd ei ddadbrofi. Wedi'r cyfan, onid yw'n wir fod llawer o wybodaeth yr Is-Ysgrifennydd, ymhlith swyddogion eraill y Llywodraeth, yn ddibynnol ar ymgynghorwyr arbenigol am fanylder polisïau? Faint o'r manylion sy'n cael eu rhannu? Nid yw'n anodd credu, fel yn amser Churchill, nad yw swyddogion yn gyffredinol yn cael gwybod y manylion. Efallai nad oes gan yr ymgynghorwyr eu hunain ddiddordeb yn y maes, a bod hyn yn cael ei adlewyrchu yn y farn a'r cyngor a drosglwyddir i'r swyddog.

Os ydych chi'n dechrau amau fod yna rywbeth nad yw'n taro deuddeg erbyn hyn, hoffwn ddyfynnu o ddogfen arall, Rhif ffeil *PRO AIR 20/9320*.

Danfonwyd memo o dan y pennawd *SECRET* o adran *DDI(Tech)* i Mr West yn Adran *S.6*. Nid oes dyddiad dosbarthu ar y ddogfen. Mae natur y cynnwys wedi arwain rhai i honni mae ffrynt yw'r swyddfa yn Whitehall, a'i bod hi'n profi mai'r asiantaethau cudd-wybodaeth sy'n gyfrifol am y gwir ymchwil.

S.6 (Mr West)

With reference to your loose minute 511/S.6 dated 11th April, 1957, it is regretted that due to an oversight the West Freugh, Wigtownshire, incident was listed twice . . .

2. The four reports, simplifications of which you require, are as follows.

Radar sightings under investigation

(a) A report was received from Royal Air Force Church Lawford on 26th of March, 1957 of a sighting of an unusual nature. The object

moved at a speed timed as exceeding 1400 m.p.h. This in itself was unusual as the object had accelerated to this speed from a stationary position . . .
(b) Signals from Royal Air Force stations Bempton and Lakenheath on 19th March reported unusual responses which did not resemble those from conventional aircraft. Aircraft sent to find the object made no contact with anything in the area of the response. . .
(c) Ministry of Supply, Bomb Trials Unit, West Freugh, Wigtownshire picked up an unusual response from an almost stationary object on 4th April, 1957 . . .

O weld manylder yr adroddiad ar West Freugh (islaw), pa wybodaeth a gollwyd yn ymwneud â'r ddau ddigwyddiad arall? *Simplifications* yw'r rhain wedi'r cyfan. Mae'n rhyfedd nad yw'r adroddiadau coll, y llwyddwyd i'w cadw'n gyfrinachol am ryw reswm, heb oroesi. Roeddent, yn sicr, yr un mor ddifrifol â digwyddiad West Freugh; danfonwyd awyren ar drywydd un ohonynt.

Tybed a lwyddodd y ddogfen hon i oroesi o ganlyniad i gynllwyn gan rywun a oedd am ddangos fod mwy i'r *UFOs* nag oedd ar yr olwg gyntaf? A beth am y canlynol?

4. It is unfortunate that the Wigtownshire radar incident fell into the hands of the press. The two other radar incidents have not been made public, and reached us by means of official secret channels. We suggest that S. of S. does not specifically refer to these incidents as radar sightings. We suggest that in answering the original questions, S. of S. might reply:

'Of the fifteeen incidents reported this year, ten have been identified as conventional objects, two contain insufficient information for identification, and three are under investigation.'

Os nad yw hyn yn dangos yn hollol eglur fod y Llywodraeth, er yn ofalus i beidio â dweud celwydd noeth, yn ymwrthod rhag dweud y stori gyfan na datgelu unrhyw beth o werth ychwaith, beth sydd?

Cadw adroddiadau'n gyfrinachol oedd y polisi yn 1958, a does gen i ddim lle i gredu i'r polisi hwnnw newid hyd heddiw.

Roedd y Weinyddiaeth yn awyddus iawn i gadw gwybodaeth rhag y wasg, fel y dengys adroddiad arall dyddiedig 31/12/1960. Rhif ffeil *PRO DEFE 31/118*.

Headquarters Fighter Command Air Staff Instruction No.F/1 reporting of unusual Aircraft or Aerial Phenomena

Mae'r dudalen gyntaf o bedair yn cario stamp *SECRET* am ei bod yn cynnwys, mae'n debyg, gyfarwyddiadau ar sut i ymateb i adroddiadau radar a pha wybodaeth yr oedd angen ei chofnodi.

Mae'r ail dudalen hefyd â stamp *SECRET*.

Analysis

4. Operations branch Headquarters Fighter Command will analyse reports from units, and if an explanation cannot be found, a report will be rendered by Confidential Routine signal to Air Ministry DDI (Tech) (information copy to Intelligence Branch, HQFC).

Press Publicity

5. The Press are never to be given information about unusual radar sightings. Unauthorised disclosures of this type will be viewed as offences under the Official Secrets Act.

Ar dudalennau 3 a 4 mae stamp *CONFIDENTIAL* a chyfarwyddiadau ar sut i ddelio ag adroddiadau o *visual sightings* gan bersonél y Llu Awyr ac aelodau o'r cyhoedd. Dyfynnaf o dudalen 4:

Sightings of Phenomena by Civilians

8. . . . A letter of acknowledgement and thanks should be sent to the civilian, but any action taken as a result of the report must not be disclosed either verbally or in writing.

Cafwyd mwy o rybuddion am beryglon siarad â'r wasg:

Press Publicity

9. Sightings by Service personnel, or the action taken as a result of sightings by civilian personnel, are in no circumstances to be disclosed to the Press . . .

Entry in S.R.Os.

10. . . . (iii) In no circumstances is any communication to be made to the Press without Air Ministry authority.

Oes yna gamarwain? Credaf fod o leiaf un enghraifft wedi digwydd yn y gorffennol a does dim tystiolaeth i bethau newid hyd heddiw. Mae pawb o'r rhai a welodd rywbeth anarferol y bûm i'n siarad â nhw o'r farn (er diffyg tystiolaeth uniongyrchol) fod rhywun, rhywle yn Whitehall yn gwybod yn union beth sy'n digwydd. Sut mae ceisio darganfod a yw'r Llywodraeth yn cuddio gwybodaeth? A oes tystiolaeth wedi'i chuddio'n ddwfn o afael y cyhoedd?

Fe fûm i'n cysylltu ar sawl achlysur â *Secretariat (AS)2a* yn dilyn fy mhrofiad yn 1996, ond daeth achos i'm sylw flwyddyn yn ddiweddarach nad oedd yn ymddangos fel petai wedi cael llawer o sylw gan ymchwilwyr. Roedd yr adroddiad yn brin iawn o fanylion am y digwyddiad, a theimlais y byddai hwn yn gyfle da i weld pa mor anodd fyddai sicrhau'r manylion coll. Os byddai unrhyw ddiddordeb milwrol yn y maes, a hynny yn ymwneud â pholisi amddiffyn, byddai angen i mi gyfeirio fy nghwestiynau, fel y dengys yn yr enghraifft sy'n dilyn.

Official Report – Written Answers
(Hansard, Colofn 424, 24/07/1996)

Mr Redmond: *To ask the Secretary of State for Defence (1) what is his Department's assessment of the incident that occurred on 5 November 1990 when a patrol of RAF Tornado aircraft flying over the North Sea were overtaken at high speed by an unidentified craft; and if he will make a statement;*

(2) if he will make a statement on the unidentified flying object sighting reported to his Department by the meteorological officer at RAF Shawbury in the early hours of 31 March, 1993.

Mr Soames: *Reports of sightings on these dates are recorded on file and were examined by staff responsible for air defence matters. No firm conclusions were drawn about the nature of the phenomena reported but the events were not judged to be of defence significance.*

Gofynnwyd y cwestiynau wedi i'r diweddar Martin Redmond AS ddarllen y llyfr *Open Skies, Closed Minds* gan Nick

Pope, cyn-swyddog yn *Secretariat (AS)2a*. Roedd Pope, cyn-amheuwr, yn datgelu dau ddigwyddiad nad oedd wedi dianc o berfeddion Whitehall cyn hynny. Er mai'r cwestiwn cyntaf a wnaeth apelio fwyaf ataf fi, rhaid cyfeirio at yr ail yn fras.

Bu Pope yn ymchwilio i nifer o adroddiadau am *UFOs* a welwyd drwy Brydain ar 30/31 Mawrth 1993 – y math trionglog o *UFO*. Ymysg y rhai a laniodd ar ei ddesg roedd adroddiadau gan Heddlu Dyfnaint, patrôl diogelwch milwrol ar ddyletswydd yn RAF Cosford, ynghyd ag adroddiad gan berson milwrol o ardal Hwlffordd, Dyfed, a amcangyfrifodd fod y gwrthrych yn teithio ar tua 1,100 km yr awr.

Ond yr adroddiad mwyaf trawiadol oedd hwnnw o RAF Shawbury, Sir Amwythig. Gwelodd y swyddog meteorolegol wrthrych yn agosáu ar gyflymder o rai cannoedd o filltiroedd yr awr. Cymharodd ei faint ag awyren *Jumbo*. Ar un adeg, saethodd pelydr o olau ohono, gan ysgubo'r caeau oddi tano fel petai'n chwilio am rywbeth. Fe'i gwyliodd am tua phum munud.

Er i Pope gysylltu ag adrannau arbenigol o fewn y Weinyddiaeth ac archwilio tystiolaeth radar ar dapiau *VHS* cyffredin, ni allai esbonio digwyddiadau'r noson. Aeth ymlaen i bwysleisio yn ei gyfrol y dylai'r digwyddiadau gael eu hystyried yn rhai pwysig o ran polisïau amddiffyn Prydain. Dadleuodd fod gwrthrych anhysbys, â'i dechnolegau ymhell ar y blaen i rai'r Llu Awyr, wedi llwyddo i dorri drwy'r amddiffynfeydd awyr o gwmpas Prydain heb ymddangos ar radar. Ar ben hyn, roedd yn teithio ar gyflymdra y tu hwnt i alluoedd awyrennau'r Llu Awyr.

Ysgrifennais ar 7 Ebrill 1998 yn holi am fanylion adroddiad y *Tornados*, a chan gynnwys fy nghasgliadau ynghylch yr hyn y bûm i fy hun yn dyst iddo yn 1996.

Dear Miss South,
Having reported a sighting of an unidentified aircraft on the night of May 4th 1996 to the MOD, I received written confirmation from both

your department that no military aircraft were responsible for my sighting, and from Mr Neil Duncan of NATS that no flight plans were logged for civilian aircraft; also North Wales Police confirmed their helicopter was not airborne that night, and the civilian airport at Caernarfon was not operational as of 19.00hrs. that day. As I have therefore established that an unidentified aircraft was operational, and was somewhat surprised at the lack of interest shown by the MOD at a possible breach of UK airspace defences, I wrote to my Member of Parliament, Dafydd Wigley (Plaid Cymru), who in turn wrote to the Secretary of State for Defence on 12/06/97 and again on 02/10/97 expressing my concern.

Following the reply received from John Spellar MP, Parliamentary Under-Secretary of State for Defence, ref. D/US of S/JS 5075/97/M and dated 21 January 1998, I have investigated previous reports which are available for public inspection at the PRO at Kew, and would appreciate your guidance on the following, namely:

5) Can I be assured that the UK Air Defence Region is adequately covered for the detection of foreign 'stealth' technology, eg. of Russian, Chinese or Iraqi origin?

(Gofynnais am hyn am nad oedd Nick Pope wedi medru darganfod olion radar i gadarnhau bodolaeth y gwrthrych.)

*6) When, as in my case, a **structured** unidentifiable aircraft is reported, rather than 'lights in the sky' or 'flying saucers' and no explanations for the origin of said aircraft is forthcoming, is it not the case that an apparent lack of interest/ indifference could be an error of judgement in maintaining the integrity of UK airspace?*

7) Due to the lack of records of 'sightings' by service personnel available for inspection at the PRO from 1958 onwards, would it be true to say that no observations have been reported from this date by RAF/ civilian pilots and radar operators?

8) Are the reports logged with Sec(AS)2a by a patrol of Tornados on November 5th 1990, while conducting manoeuvres over the North Sea, available for public inspection? The brief mention of this incident by Nick Pope (formerly of your department) in his book, and in numerous magazine articles authored by himself state that the pilots were overtaken at high speed by a large unidentifiable aircraft of some sort.

Fel ateb i gwestiwn rhif 5, derbyniais sicrhad bod systemau amddiffyn awyr-ofod Prydain yn gwbl addas. Ni atebwyd cwestiynau 6 a 7. Er i mi ofyn yng nghwestiwn 8 am gopi o adroddiad y peilotiaid *Tornados*, synnais wrth dderbyn copi o *Hansard* fel 'yr adroddiad swyddogol' i'r digwyddiad. Gobeithiwn gael copi o'r signal a anfonwyd gan y Llu Awyr i'r Weinyddiaeth Amddiffyn. Mae'n ddifyr nodi, fod bynnag, nad yw'r rhan helaethaf o'm cwestiynau wedi cael eu hateb yn uniongyrchol; rhyw hanner-atebion amwys a gynigir.

Ymunais â band roc a rôl ym mis Mai 1998, ac oherwydd prinder amser, ni fu'n bosibl i mi ailgydio yn fy ymchwiliadau tan 8 Mai 2000 pan ysgrifennais y llythyr canlynol at y Llu Awyr:

Dear Sir/ Madam,

I am currently researching various aspects of the UFO phenomenon and would appreciate your advice on the following:

1) It has been reported by a gentleman named Nick Pope that during his tour of duty with Sec(AS)2a, he discovered a signal sent to Sec(AS)2a from a patrol of RAF Tornado aircraft dated November 5th 1990.

This signal apparently stated that the pilots were overtaken at high speed by a large unidentifiable aircraft of some sort while conducting manoeuvres over the North Sea.

I am in possession of the relevant Hansard containing questions to the minister and the given reply, but would like a copy of the signal sent to Sec(AS)2a by the aircrew.

Derbyniais ateb dyddiedig 15 Mehefin 2000 yn cynnwys copi o'r adroddiad a baratowyd gan y peilot. Ar yr olwg gyntaf mae hwn yn ymddangos yn gofnod syml o awyrennau'r Llu Awyr yn cael eu pasio gan awyren nad oedd yn bosibl ei hadnabod. Ond safodd un darn allan:

OTHER INFO: UFO APPEARED IN OUR RH SIDE SAME LEVEL, WE WERE TRAVELLING AT MACH POINT 8. IT

WENT INTO OUR 12 O CLOCK [syth o'u blaenau] *AND ACCELERATED AWAY. ANOTHER 2 TORNADOS SEEN IT.*

Y *Tornado* yw prif awyren amddiffyn Prydain – yr *F3* – a dyma chwe aelod o'r Llu Awyr wedi'u hyfforddi'n uchel iawn yn eu maes yn tystio fod *UFO* wedi'u pasio a'u gadael ar ôl.

Anodd credu fod datganiad Nicholas Soames . . . *the events were not judged to be of defence significance* . . . yn wir. Does bosibl mai'r manylion prin sydd gen i oedd yr unig dystiolaeth a archwiliwyd gan arbenigwyr yr *MOD*? Disgrifiwyd yr *UFO* fel *one large aeroplane shape* ond does dim sôn bod gan y gwrthrych adenydd nac unrhyw nodweddion eraill i'w wneud yn debyg i awyren. Ond beth yw siâp awyren heddiw? Mae sawl cynllun yn hedfan nad ydynt yn debyg i awyrennau traddodiadol o ran siâp. Does dim awgrym fod un o systemau radar y tair awyren wedi tracio'r gwrthrych. Does dim sôn ychwaith a baratowyd adroddiad ar y pryd i'r rheolwr traffig awyr. A does dim gwybodaeth fod y gwrthrych wedi'i dracio gan sefydliadau radar ar y ddaear. Oni ddylai fod disgrifiad manylach o lawer gan y chwe aelod o'r criw awyr, gan gynnwys sgets o'r hyn a welsant, yn y ffeil?

Yn fy nhyb i, os na chodwyd o leiaf rai o'r cwestiynau hyn, nid yw'r *MOD* yn archwilio adroddiadau gyda'r difrifoldeb sydd ei angen. Un peth yw anwybyddu neu wfftio aelodau'r cyhoedd sy'n gweld pethau rhyfedd ac sy'n gofyn am esboniad. Peth arall yw adroddiadau o'r math yma. Ystyriwch ateb Mr Soames eto – dim ond dau bosibilrwydd sydd:

1) Mae yna bersonél ar lefel uchel iawn yn yr *MOD* yn gwybod yn union beth a welwyd, ond ddim am ddatgelu'r wybodaeth.
2) Does gan yr *MOD* ddim syniad beth oedd y gwrthrych ac maent yn ceisio gwneud yn fychan o'r digwyddiad gan obeithio osgoi cwestiynau lletchwith.

Danfonais y pwyntiau hyn yn ôl i *Sec(AS)2a* ar 11 Gorffennaf, ynghyd â chwestiynau cyffredinol ynghylch dulliau gweithredu'r adran. Derbyniais ateb dyddiedig 4 Awst 2000.

Dywedwyd wrthyf mai adroddiad y peilot oedd yr unig

UNCLASSIFIED

FROM
TO MODUK AIR

UNCLASSIFIED

SUBJECT: AERIAL PHENOMENA
A. 5 NOV 1800Z
B. ONE LARGE AEROPLANE (SHAPE). 5 TO 6 WHITE STEADY LIGHTS. 1 BLUE
STEADY LIGHT. CONTRAILS FROM BLUE AREA
C. IN THE AIR
D. NAKED EYE
E. HEADING 100 DEGREES. SAME ALT
F. INTO OUR 12 OCLOCK
G. ONE QUARTER MILE AHEAD
H. STEADY
J. N/K
K. N/K
L.
M.

PAGE 2   UNCLAS
N. NIL
O.
P. OTHER INFO.   UFO APPERRED IN
OUR RH SIDE SAME LEVEL, WE WERE TRAVELLING AT MACH POINT 8. IT WENT
INTO OUR 12 OCLOCK AND ACCLLERATED AWAY. ANOTHER 2 TORNADOS SEEN IT

BT

Copi o'r adroddiad a wnaed gan griwiau'r Tornados yn 1990 sy'n dangos yn eglur fod gan y Weinyddiaeth wybodaeth am UFOs er iddynt wadu hynny.

ddogfen yn y ffeil ac nad oedd Mrs L C Unwin yn medru meddwl am yr hyn a allai fod wedi digwydd ar y pryd. Doedd hi ddim yn bosibl, felly, dod i wybod a ddefnyddiodd yr awyrennau systemau radar. Soniodd Mrs Unwin hefyd am awyrennau a oedd, o bryd i'w gilydd, yn cael eu lansio neu ddargyfeirio o'u hymarferiadau arferol i archwilio olion anhysbys ar radar.

Gyda'r wybodaeth hon, ysgrifennais yn ôl ar Fedi'r pumed gan ofyn nifer o gwestiynau uniongyrchol pellach am y fath ddigwyddiadau. Paham nad oedd nodiadau llawn wedi'u cofnodi am y digwyddiad? Pam nad oedd nodyn yn y ffeil yn dweud fod diffyg, neu i'r gwrthwyneb, ar systemau radar y rhwydwaith amddiffyn a'r awyrennau? Yn ychwanegol, holais am fanylion ychwanegol am yr adegau y soniodd Mrs Unwin amdanynt pan lansiwyd awyrennau i ddilyn targedau radar anhysbys.

Erbyn canol mis Hydref, a minnau heb glywed dim byd heblaw cydnabod derbyn fy llythyr, llwyddais i gysylltu â Nick Pope. Yn garedig iawn, cytunodd i geisio ateb fy nghwestiynau gan bwysleisio mai ei farn bersonol ef a gawn, nid barn swyddogol yr *MOD*.

Daeth yn amlwg nad oedd yn ymwybodol o'r wybodaeth a oedd ar fin cyrraedd gan Mrs Unwin, bellach o'r *DAS4a1(Sec)* yn dilyn ad-drefniad, ar 17 Tachwedd. Dywedodd Pope yn ei lythyr mai adroddiad y peilotiaid oedd yr unig ddogfen yn y ffeil, yn unol â'r hyn a ddywedodd Mrs Unwin ar Awst y pedwerydd.

Cefais fy siomi ar yr ochr orau o weld cynnwys y llythyr diweddaraf. Er bod *DAS4* yn cydnabod ei bod yn gyfrifol am holl faterion *UFO*, roeddent yn gwneud 'ymholiadau pellach'. A chan fod y digwyddiad yn mynd yn ôl dros ddeng mlynedd, roedd hi wedi cymryd tipyn o amser i gyrraedd sefyllfa lle'r oedd hi'n bosibl rhoi ateb cyflawn.

Mae'n ymddangos fod awyren *Tornado*, un mewn ffurfiant o dair, yn hedfan i gyfeiriad y dwyrain o faes awyr yn Lloegr

Laarbruch yn yr Almaen fin nos ar nos Lun, 5 Tachwedd 1990. Roedd yr awyrennau ar fin gadael gofod awyr Prydain pan aeth gwrthrych dieithr, tebyg i awyren, heibio iddynt. Digwyddodd hyn ychydig cyn i reolwr traffig awyr milwrol yn RAF West Drayton drosglwyddo rheolaeth y tair Tornado i'w gymydog yng nghanolfan Radar Milwrol yr Iseldiroedd, gan ddilyn y drefn safonol. Does dim cofnod – unwaith eto – ond mae'r *MOD* yn cymryd fod y peilot wedi adrodd am y digwyddiad wrth RAF West Drayton ar ail radio'r awyren. Does dim i nodi fod adroddiad wedi'i ddanfon i'r awdurdodau perthnasol yn yr Iseldiroedd. Nodwyd mai math *GR1* oedd yr awyrennau, sef awyrennau *ground attack* yn hytrach nag awyrennau amddiffyn *F3*. Fel ateb i'm hymholiad am dracio radar, dywedwyd: . . . *these are not air defence aircraft and were merely in transit, not engaged on an operational mission.*

Nid yw hwn yn ateb llawn i'm cwestiwn. Wedi'r cyfan, mae systemau radar yr awyrennau yn yr awyr yn gweithredu fel pâr arall o lygaid er mwyn osgoi awyrennau eraill a thywydd drwg.

Ni chefais ateb i'm cwestiwn am swyddogaeth unedau radar ar y ddaear ar y pryd 'chwaith, y math ar radar sy'n rhoi . . . *continuous surveillance of the UK Air Defence Region by the Royal Air Force. This is acheived by using . . . civil and military radar installations, which provide a continuous real-time 'picture' of the UK airspace.*

A hyn sy'n rhyfedd – er i mi ofyn ar sawl achlysur am y wybodaeth hon, nid ydynt erioed wedi gwadu ei bod yn eu meddiant. Eto maent yn gyndyn iawn o ddatgelu'r wybodaeth. Pam osgoi ateb plaen? Mae'r rheswm pam nad oedd y digwyddiad 'o ddiddordeb o ran amddiffyn' yn agoriad llygad: *Since the event involved aircraft departing UK airspace, it is unlikely that the situation generated any UK Air Defence interest . . . as the incident did not threaten UK airspace, it was judged to be of no defence significance.*

Os ydw i'n dehongli'r datganiad yn gywir, barnwyd nad oedd y digwyddiad yn un o ddiddordeb o ran amddiffyn am fod y gwrthrych yn *gadael* gofod awyr Prydain. Ond roedd y gwrthrych yma *wedi bod* o fewn gofod awyr Prydain, a hynny heb gael ei ddarganfod gan y systemau amddiffyn. Does bosibl *nad* oedd hynny o ddiddordeb?

Fe gofiwch i mi holi am yr adegau pan lansiwyd awyrennau i archwilio targedau radar anhysbys. Dyma'r ateb a gefais:

Air Defence aircraft occasionally investigate unidentified airborne 'targets'. Records of this activity are not for release however . . .

Ysgrifennais yn ôl ar 21 Tachwedd, a chael cydnabyddiaeth ar 16 Rhagfyr. Ond, oherwydd anawsterau gweinyddol, nid wyf yn obeithiol y byddaf yn derbyn ateb cyn i'r llyfr hwn fynd i'r wasg. Ymhlith pethau eraill, hoffwn gael ateb i'r cwestiynau hyn:

- Os mai adroddiad y peilot oedd yr unig wybodaeth yn y ffeil, fel y dywedwyd wrthyf, o ble daeth y wybodaeth ychwanegol?
- A oes copi o'r ffeil lawn am y digwyddiad ar gael?
- Ac, unwaith eto, a fu'r gwrthrych yn cael ei dracio ar systemau radar?
- Ynglŷn ag adroddiadau cyfrinachol am awyrennau yn cael eu lansio i archwilio targedau radar anhysbys, sawl cofnod sydd ar gael yn nodi rhwng pa ddyddiadau y derbyniwyd yr adroddiadau hyn; a oedd dyddiad yn bodoli ar gyfer eu rhyddhau i'r *MOD*, a pham nad yw'r ffeiliau ar gael i'w rhyddhau ar hyn o bryd?

Wedi'r cyfan, dydi *UFOs* ddim yn bwnc sydd o ddiddordeb i'r Weinyddiaeth Amddiffyn, ydi e?

Ac mae hynna'n swyddogol!

CASGLIADAU

Mae'n amlwg fod yna lawer o dystiolaeth o blaid y Ddamcaniaeth Arallfydol (yr *Extra Terrestrial Hypothesis*) fel ffynhonnell *UFOs*, a bod hyn yn ymestyn yn ôl hyd at y *Foo Fighters* a welwyd yn ystod yr Ail Ryfel Byd.

Ond hyd heddiw, does yna ddim tystiolaeth gyhoeddus, gadarn mai dyma'r ffordd gywir o gloriannu'r sefyllfa. Os oes yna dystiolaeth gadarn yn egluro tarddiad yr *UFO* ar lefelau uchaf y Llywodraeth, pam nad ydyn nhw'n fodlon rhannu'r hyn y maen nhw'n ei wybod am y ffenomenon?

Llwyddais i brofi, gyda help dogfennau o'r Archifdy Gwladol, nad oedd yr Ysgrifennydd Gwladol yn ymwybodol o fanylion achosion ar ddiwedd y 1950au a bod y Ddeddf Cyfrinachau Swyddogol yn rhoi awdurdod i atal aelodau'r Llu Awyr rhag siarad â'r wasg am eu profiadau.

Heddiw, mae'r Is-Ysgrifennydd Gwladol dros Amddiffyn yn honni nad oes gan ei adran wybodaeth am *UFOs* na soseri hedegog. Ond mae'n amlwg ar sail fy ymchwil a'r llythyru â'i adran eu bod yn ymwybodol o o leiaf ddau achos cymharol ddiweddar, a'r rheiny wedi digwydd flynyddoedd cyn iddo ymateb drwy lythyr at Dafydd Wigley AS. Mae'r dogfennau yn gwrthbrofi'r ymateb hwnnw.

Nid wyf yn cyhuddo'r Is-Ysgrifennydd o anwiredd bwriadol; dengys fy ymchwil mai gweision sifil, fwy na thebyg, sy'n llunio'r llythyrau ar y pwnc, a'r Is-Ysgrifennydd yn gwneud dim byd mwy na'u darllen a'u harwyddo cyn eu danfon.

Mae'r *MOD* wedi cyfaddef wrthyf fod yna achosion ar ffeiliau o awyrennau'r *RAF* yn cael eu sgramblo neu eu gwyro oddi wrth eu dyletswyddau arferol i archwilio targedau radar anhysbys. Nid ydynt yn fodlon datgelu cynnwys y ffeiliau hyn i'r cyhoedd am resymau sy'n ddirgelwch i mi.

Mae'r hyn y llwyddais i'w ddarganfod hyd yma, wedi pum mlynedd o ymchwil, yn dangos fod yna gamarwain, yn fwriadol neu beidio. Eto, byddai'r *MOD* yn gwadu hynny. Hwyrach y byddai'n fwy caredig eu cyhuddo o amharodrwydd i rannu'r wybodaeth sydd ganddynt.

Cyhoeddodd y *CIA* yn 2000 ei bod wedi beio *UFOs* am adroddiadau a gafwyd yn y 1960au gan aelodau o'r cyhoedd a welodd yr awyren *U2* yn sgleinio tra oedd yn hedfan yn uchel uwch yr Amerig. Embaras oedd hyn braidd. Pan oedd yr awyrennau'n newydd cawsant eu peintio'n lliw arian ac, yn anffodus, roedd hwn yn tueddu i adlewyrchu'r haul. Gan nad oedd y cyhoedd i wybod am yr *U2*, yr ateb oedd i greu straeon yn y wasg am *UFOs*. Peintiwyd bob un yn ddu ychydig wedi hyn.

Mae UDA wedi bod yn hedfan awyrennau bomio *B2 Spirit*, neu *Stealth Bombers*, ers rhai blynyddoedd bellach. O ran siâp, yn enwedig o'i gweld o'r pen blaen, fel y gallaf dystio, mae'r awyren hon yn debyg iawn i'r soser hedegog draddodiadol. Efallai bod sawl un wedi camgymryd y *B2* am *UFO* cyn i'w bodolaeth gael ei gydnabod yn gyhoeddus, a'r *USAF* yn fwy na hapus gyda'r camddehongli. Ond mae yna un cwestiwn mawr sydd heb ei ateb: o ble daeth technoleg y *B2*? A pham mae hi'n edrych yn debyg i soser hedegog?

Mae yna si fod canlyniad ymchwil y 'gwrth-beiriannu' wedi dwyn ffrwyth, a bod y wybodaeth a gafwyd trwy astudio gweddillion damwain Roswell yn 1947 wedi cael ei defnyddio'n sail ar gyfer adeiladu awyren Americanaidd. Cadarnhaodd y Cyrnol Corso fod gweddillion Roswell wedi'u rhannu rhwng y tri gwasanaeth milwrol, gyda'r Llu Awyr yn derbyn corff y gwrthrych.

Yn 1977 – neu 1975, yn ôl rhai – hedfanodd yr *F-117 Nighthawk* neu'r *Stealth Fighter* am y tro cyntaf o un o feysydd awyr milwrol cyfrinachol y llywodraeth. Llwyddwyd i'w chadw'n gyfrinach tan 1988, pan gafodd ei datgelu i'r wasg am y tro cyntaf. Unwaith eto, rhyfeddwyd pawb gan y siâp anarferol, ac fel y *B2* yn ddiweddarach, at ei gallu i'w throi ei hun fwy neu lai'n anweledig i systemau radar – un o nodweddion yr *UFO*. Ai dyma'r ateb? Technoleg ddaearol wedi ei chreu o weddillion rhywbeth arallfydol? Neu a oedd astudiaethau cudd i'r ffenomenon wedi plannu'r syniad o ddatblygu awyren a fyddai'n medru efelychu nodweddion *UFO*? Wedi'r cyfan, fe fyddai mantais gref gan asiantaethau milwrol a fyddai'n berchen ar sgwadron o awyrennau o'r math yma. A pha reswm gwell dros gadw'r gyfrinach? Haws o lawer yw cadw cyfrinachau milwrol na rhai gwleidyddol.

Yn 1989, cyhoeddodd gwyddonydd o UDA, Bob Lazar, ei fod wedi gweithio ar gynlluniau milwrol cyfrinachol i'r llywodraeth i geisio darganfod technoleg hedfan *UFOs*. Honnodd iddo weithio ar wrthrych arallfydol a oedd ym meddiant y llywodraeth. Dywedodd hefyd fod yna 11 o rai tebyg ar gael i'w hastudio, rhai yn gyflawn, eraill yn anweithredol, a rhai ohonynt yn edrych fel petaent wedi taro'r ddaear neu wedi cael eu saethu i'r llawr.

Dywedodd eu bod yn cael eu cadw mewn lleoliad cyfrinachol ynghanol diffeithwch Nevada, mewn ardal sy'n cael ei galw yn *Area 51* neu *Dreamland*. Yma, meddai, bu technolegau milwrol newydd yn cael eu datblygu ers 1955, nid yn unig i'r *USAF* ond hefyd i'r *CIA*. Mae *Area 51* yn fwy na maint y Swistir a go brin bod dweud ei fod yn fan anghysbell yn gwneud cyfiawnder â'r gair. Mae'r rhagofalon diogelwch eithaf yn amgylchynu'r lle. Un ffordd sy'n mynd at ei ffin, a honno'n ffordd bridd, ac wrth gyrraedd gwelir arwydd yn gwahardd mynediad pellach sy'n gorffen gyda'r geiriau *Use Of Deadly Force Authorized*.

Credai Lazar ar y dechrau mai awyrennau Americanaidd oedd y cerbydau oedd yn cael eu hastudio yno. Ond wrth iddo weithio arnynt, daeth yn amlwg iddo nad oedd neb yn deall eu technoleg yn llwyr. Ei faes arbennig ef oedd gyriant. Nododd fod y gwrthrych a welodd yn defnyddio gyriant gwrthddisgyrchiant, sef dyfais a fedrai gynhyrchu ynni i weithio yn erbyn disgyrchiant.

Wedi iddo fod yn dyst i arbrawf i brofi a fyddai'r gwrthrych yn hedfan, penderfynodd fod newyddion o'r fath yn llawer rhy bwysig i'w cadw'n gyfrinachol. Aeth â'i ffrindiau at ffiniau *Area 51* un noson i wylio'r awyren ryfedd yn hedfan. Daeth yr awdurdodau o hyd iddynt, a chan ofni am ei fywyd, aeth â'i stori at *ABC News*. Yn dilyn hyn, torrodd rhywun i mewn i'w dŷ a darganfu fod ei bapurau personol wedi diflannu.

Nid oes un cofnod swyddogol o fodolaeth Lazar fel dinesydd Americanaidd. Defnyddiodd rhai'r ffaith hon i ddweud ei fod yn gelwyddgi. Ond dangosodd dystiolaeth gadarn. Roedd ganddo ddogfen gyflog yn nodi ei rif yswiriant cenedlaethol. Ond yn bwysicach, roedd côd y cyflog ar y ddogfen yn nodi ei fod yn gweithio yn *Area 51*. Ond, meddai'r amheuwyr, dydi hyn yn dal ddim yn profi iddo wneud y gwaith yr honnodd iddo'i wneud.

Ar y llaw arall, mae'r Tŷ Gwyn a'r Pentagon yn gwadu bodolaeth *Area 51* yn gyfangwbl. Ydi Lazar yn dweud y gwir? Os ydi e, pam cuddio'r wybodaeth?

Tybed a yw dynoliaeth, yn gyffredinol, yn barod i dderbyn y wybodaeth nad ydym ar ein pennau ein hunain. Petai hyn yn wir, beth fyddai'n digwydd i grefyddau'r byd? A oes lle o fewn y Beibl Cristnogol, er enghraifft, i gynnwys creaduriaid arallfydol yng nghynlluniau Duw? Ar lefel mwy daearol, a fyddai cydnabyddiaeth o fywyd arallfydol yn rhoi syniadaeth i'r bobl? Y sylweddolaeth ein bod yn un cenedl ar un blaned? Os felly, mae'n bosib i'r realiti newydd chwyldroi gwleidyddiaeth led led y ddaear. Canlyniad hyn efallai fyddai i'r rheolwyr golli eu pŵer a'u dylanwad gwleidyddol.

Nid ofnaf gynnig asesiad o'r senario fwyaf tebygol. Hwyrach fy mod yn gwbl anghywir, ond wrth edrych ar y dystiolaeth sy'n bodoli, dyma fy nghasgliad sylfaenol. Ym meddiant grwpiau bychain, mewn swyddi uchel ym mhrif lywodraethau'r byd, mae gwybodaeth am y sefyllfa ers o leiaf dyddiau'r *Foo Fighters* yn y 40au. Mae'r grŵp yn UDA wedi llwyddo dros nifer o flynyddoedd i addasu technolegau arallfydol a ddaeth i'w meddiant ac maent yn eu datblygu ymhellach er mwyn creu arfau newydd y gallant, o bosibl, eu troi yn erbyn yr *UFOs* eu hunain.

Ym Mhrydain, nid yw'n debygol mai awyrennau newydd, cyfrinachol yw'r *UFOs;* wedi'r cyfan, go brin y byddai unrhyw asiantaeth yn hedfan awyrennau o'r fath uwchben canolfannau poblog. Rhaid dyfalu, felly, fod y Llywodraeth naill ai yn deall natur *UFOs* ond yn gwrthod cydnabod hynny rhag brawychu'r cyhoedd, neu, wedi dros 50 mlynedd o astudiaeth, heb lwyddo i'w hadnabod na gwybod o ble y dônt. Byddai cyfaddef i'r naill neu'r llall yn gam tuag at y llwybr llithrig o orfod ateb pob math o gwestiynau a fyddai, o bosibl, yn creu embaras mawr i'r Llywodraeth.

Oes yna gerbydau awyr arallfydol yn hedfan drwy'n hawyr ni? Os oes, a ydyn nhw'n beryglus i wasanaethau awyr sifil? Ym mis Ionawr 1996, wrth ddisgyn tuag at faes awyr Manceinion, bu bron iawn i awyren *Boeing 757* o gwmni *British Airways,* gyda thros 150 o deithwyr ar ei bwrdd, fynd i wrthdrawiad â gwrthrych nad oedd i'w weld ar radar uwchben mynyddoedd y Pennines ar uchder o 15,000 troedfedd. Daeth y gwrthrych mor agos ac mor sydyn at yr awyren nes i'r Swyddog Cyntaf wyro'i ben gan ddisgwyl gwrthdrawiad.

Cymerodd y *Joint Airmiss Working Group (JAWG)* yn y *CAA* flwyddyn i ymchwilio i'r digwyddiad. Y canlyniad fu rhestru'r achosion posibl. Ond nid oedd un o'r rhesymau yn dal dŵr. Roedd y datganiad i'r wasg yn cloi gyda'r casgliad nad gwrthrych daearol fu'n gyfrifol. Ond ai gwrthrych arallfydol a welwyd? Roedd dyfalu hynny y tu hwnt i ffiniau'r ymchwiliad. Eto, ai dyma gasgliad y panel, mewn gwirionedd, er nad oedden nhw'n medru cofnodi hynny'n swyddogol? Mae ffeiliau'r *CAA* yn cynnwys cofnodion am nifer o ddigwyddiadau tebyg.

Y cwestiwn nesaf i godi, mae'n debyg, yw ai digwyddiadau go iawn yw'r cipiadau a'r achosion o anffurfio anifeiliaid. Os oes cyn lleied ag un achos, o'r miloedd o hanesion ledled y blaned, yn wir, yna pam nad ymdrechwyd i'w hatal? Ni chredaf y byddai unrhyw lywodraeth gwerth ei halen yn cyfaddef ei bod yn analluog i amddiffyn pobl ac eiddo rhag y fath droseddau. Petai amheuon o'r fath yn wir, mae'n mynd gryn bellter tuag at esbonio pam nad oes wybodaeth am ganlyniadau ymchwil i'r ffenomena yn bodoli.

Mae'n anodd iawn gen i gredu nad yw'r *MOD* yn cymryd adroddiadau eu peilotiaid o ddifrif. Hwyrach nad yw'r gwir yn goresgyn am ei fod yn rhy erchyll i'w wynebu. Datganiad cryf iawn. Ond ni chredaf ein bod ar fin dioddef rhywbeth fel *War of the Worlds* neu *Independence Day* go iawn. Mae'n bosibl credu fod yna ddefaid 'nad ŷnt o'r gorlan hon' wedi ymweld â'n daear ers oesoedd lawer ar deithiau darganfod gan astudio gwahanol fathau o fywyd ar eu teithiau drwy'r gofod. Wedi'r cyfan, onid yw dynoliaeth ei hun wedi cymryd y camau cyntaf tuag at y nod hwnnw?

Os yw bodau arallfydol yn bwriadu rhyfela yn erbyn gwareiddiadau'r ddaear, a fyddent wedi oedi am filoedd o flynyddoedd cyn gwneud hynny, gan adael i ddynoliaeth ddatblygu arfau pwerus i'w hamddiffyn ei hun? Os mai concro yw'r nod, mae synnwyr cyffredin yn mynnu y byddent wedi dangos eu bwriad ymhell cyn heddiw.

O'r biliynau a'r biliynau o sêr a'u planedau yn y bydysawdau, mae yna filiynau o blanedau sydd filiynau o flynyddoedd yn hŷn na'n planed ni. O'r rhain, pe byddai cant o wareiddiadau sydd filiwn neu fwy o flynyddoedd yn hŷn na dynoliaeth, mae'n siŵr y byddai eu technolegau yn debyg i rywbeth o fyd ffantasi i ni. A all dynoliaeth ddatblygu strategaeth a all oresgyn ein hofnau?

Dadl a godir yn aml yn erbyn y syniad o ymwelwyr o'r gofod pell yw y byddai'r siwrnai yn rhy hir o lawer, hyd yn oed o deithio ar gyflymdra golau. Mae pellter y sêr yn cael ei fesur mewn blynyddoedd goleuni, sef y pellter y gall golau deithio mewn blwyddyn, 9,460,700,000,000 km. Mae hyn yn cyfateb i 186,000 milltir (300,000 km) yr eiliad. Felly, mae'r golau a ddaw o'r haul yn cymryd tua 8 munud i deithio'r 93 miliwn o filltiroedd i'r ddaear. (Ffordd arall o amgyffred y pellter hwn yw dweud: petai'n bosibl gyrru car i'r haul ar gyflymdra o 60 milltir yr awr byddai'n cymryd 177 blwyddyn i gyrraedd yno . . .)

Meddyliwch am y creadur bach hwnnw *E T* o'r Pleiades a oedd eisiau dod i'r Ddaear. Mae'r Pleiades tua 400 blwyddyn oleuni o'r Ddaear, felly gan gymryd fod ei long ofod yn teithio ar gyflymdra golau, fe gymerai 400 mlynedd i gyrraedd yma. Ond hwyrach fod technoleg y bodau arallfydol wedi llwyddo i oresgyn rhwystrau o'r fath.

Cyhoeddwyd yn y *Times* ar 5 Mehefin 2000 fod Dr Lijun Wang o sefydliad ymchwil *NEC* yn Princeton, UDA, wedi llwyddo i ddanfon curiad o olau, o dan amgylchiadau labordy, a oedd yn teithio 300 gwaith yn gynt na chyflymdra golau. Unwaith y profir y fformiwla, bydd damcaniaeth Einstein am berthynoledd yn cael ei disodli – wedi'r cyfan, mae ei ddamcaniaeth yn deillio o'r gred na all dim byd deithio'n gyflymach na golau. Mae grŵp o'r Eidal hefyd wedi llwyddo i gael yr un canlyniadau, fel y nodwyd yn yr un erthygl:

. . . scientists are beginning to accept that man may eventually exploit some of these characteristics for interstellar space travel.

Ym Mrasil, mae gan wyddonwyr fodel o ddyfais wrthddisgyrchiant – a honno'n gweithio. Y gobaith yw datblygu awyren a fydd yn gallu defnyddio'r dechnoleg hon – yr un dechnoleg ag a oedd yn gyrru'r soseri hedegog, yn ôl cynifer o'r bobl a gipiwyd yn y 1950 a'r 60au. Ydi dynoliaeth ar drothwy chwyldro technolegol arall?

Yn y sêr, mae'r gorffennol a'r dyfodol i'w gweld ochr yn ochr. Fe ddaw dydd, filiynau o flynyddoedd yn y dyfodol, pan fydd yr ynni sy'n bwydo'r seren agosaf at y Ddaear – yr Haul – yn darfod yn llwyr. Heb yr Haul ni fydd golau na gwres i gynnal bywyd ar y ddaear a rhaid fydd i ddynoliaeth ddatblygu technolegau i'n galluogi ni i godi pac a chwilio am gartref newydd. A hwyrach bydd 'yr ymwelwyr' yn gymdogion agored ac yn fodlon cynorthwyo dynoliaeth ar y daith i fodolaeth newydd.

CYFRES
DAL Y GANNWYLL

Cyfres sy'n taflu ychydig o olau ar y tywyll a'r dirgel.
Golygydd y gyfres:
LYN EBENEZER

'Mewn Carchar Tywyll Du'
Hunangofiant Warden Carchar
D. Morris Lewis
Rhif Rhyngwladol: 0-86381-671-1; £3.99

Beth yw tarddiad y gair 'sgriw' am swyddog carchar? Os gwnewch chi feddwl am garchar fel bocs, yna y sgriwiau sy'n dal popeth gyda'i gilydd. Dyna esboniad awdur *'Mewn Carchar Tywyll Du'*, cyfrol sy'n gwbl unigryw. Ynddi ceir hanes llanc ifanc o lannau'r Teifi a aeth yn swyddog carchar gan godi i fod yn Rheolwr Gweithredol. Yn ystod gyrfa 35 mlynedd yn rhai o garchardai caletaf gwledydd Prydain, gan gynnwys Dartmoor, daeth D. Morris Lewis i gysylltiad â'r dihirod mwyaf didrugaredd. Bu'n gwasanaethu droeon yng nghell y condemniedig ar noswyliau crogi ac ef yw'r unig gyn-swyddog sydd ar ôl bellach a fu'n gyfrifol am weinyddu'r gosb o chwipio. Yn ogystal ag adrodd ei hanes mae ganddo hefyd ei safbwyntiau dadleuol ei hun ar gyfraith a threfn.

Gwenwyn yn y Gwaed
Pedwar achos o golli bywyd mewn amgylchiadau amheus
Roy Davies
Rhif Rhyngwladol: 0-86381-672-X; £3.99

Ystyrir y cyn-Dditectif Uwch-Arolygydd Roy Davies erbyn hyn fel un o brif gofianwyr achosion o dor-cyfraith yng Nghymru. Yn awdur nifer o gyfrolau ar y pwnc, fe aeth ati yn *Gwenwyn yn y Gwaed* i gofnodi pedwar achos. Mae 'Hen Dwrne Bach Cydweli' yn olrhain hanes clasurol Harold Greenwood. Yn 'Ar Wely Angau', cawn hanes cythrwfl teuluol a arweiniodd at drychineb. Yn 'Y Corff yn y Gasgen', clywn am un o'r achosion mwyaf bisâr mewn hanes, tra bod 'Y Gŵr a Surodd y Gwin' yn rhoi gwybod i ni am ran yr awdur ei hun mewn datrys llofruddiaeth merch ifanc. Yn 1999, enillodd yr awdur radd MA mewn Ysgrifennu Creadigol yng Ngholeg y Drindod, Caerfyrddin.

Achos y Bomiau Bach
Hanes Achos Mudiad y Gweriniaethwyr
Ioan Roberts
Rhif Rhyngwladol: 0-86381-674-6; £3.99

'Wrth i raglen *Cyn Un* ddechrau daeth y ddau ddyfarniad cyntaf. Dau yn ddieuog ar bob cyhuddiad. Rhuthro allan i giosg a thorri'r newydd yn ddigon carbwl i'r genedl. Erbyn trannoeth, roedd tri arall yn rhydd, ac achos llys drutaf Cymru ar ben wedi naw wythnos a hanner. A'r cyhuddiadau'n tasgu – yn erbyn y plismyn!'

Mae'r achos cynllwynio yn Llys y Goron Caerdydd yn 1983, a chwalodd y Mudiad Gweriniaethol Sosialaidd Cymreig, yn dal i gael ei ddyfynnu mewn achosion eraill. Wrth ei wraidd roedd pwy oedd yn dweud y gwir, y cyhuddedig ynteu'r plismyn, ynglŷn â chyffesiadau honedig, a manylion fel y 0.3 gram o gemegyn a 'ddarganfuwyd' mewn llofft yng Nghwm Rhymni. Wedi deunaw mlynedd mae'r diffynyddion yn dal yn flin, Heddlu De Cymru yn dal yn y doc, rhai o'r bargyfreithwyr yn sêr, a phwy bynnag fu'n gyfrifol am y bomiau a'r tanau a'r bygythiadau a fu'n sail i'r cyfan yn dal mor anweledig â Merched Beca. Roedd Ioan Roberts yn ohebydd i Radio Cymru yn y llys. Yn y gyfrol hon, mae'n ail-fyw peth o ddrama'r achos, y digwyddiadau a arweiniodd ato, a'r effaith a gafodd.

I'W CYHOEDDI HYDREF 2001
'Mae Rhywun yn Gwybod . . . '
Ymgyrch Losgi 1979-1994
Alwyn Gruffydd
Rhif Rhyngwladol: 0-86381-675-4; £3.99

Roedd llwyddiant ymgyrch losgi Meibion Glyndŵr yn ddibynnol ar ewyllys da gwerin gwlad – a hynny yn nannedd ymgyrch daer iawn am wybodaeth gan yr heddlu a'r gwasanaethau cudd. Ar lefel y boblogaeth leol, cafodd yr ymgyrch groeso a gafodd ei amlygu mewn caneuon, sloganau, crysau-T – a thawelwch. Mae'r gyfrol hon yn cynnwys agwedd ar yr hanes na ddaeth i'r amlwg yn adroddiadau newyddiadurol ac ymateb gwleidyddion y cyfnod.

Borley Cymru
Yr aflonyddwch yn Ficerdy St Paul, Llanelli
J. Towyn Jones
Rhif Rhyngwladol: 0-86381-676-2; £3.99

Roedd rheithordy Borley, Swydd Essex, yn dŷ lle bu hela ysbrydion ar raddfa fawr rhwng 1929 a 1938. Dangosodd y papurau newydd gryn ddiddordeb ynddo, gwnaed ymchwil manwl gan ddefnyddio camerâu a ffilm sine a chyhoeddwyd cyfrol yn seiliedig ar fwrlwm poltergeistaidd y rheithordy yn 1940, *The Most Haunted House in England*, flwyddyn ar ôl i'r adeilad losgi'n ulw.

Mae gan Gymru ei 'Borley' ei hunan. Bu cryn aflonyddwch ysbrydol yn Ficerdy St Paul, Llanelli, a phwy'n well na gweinidog gyda'r Annibynwyr i ddadlennu'r hanes?